분단 70년의 남북한 사회 · 문화

분단 70년의 남북한 사회 · 문화

초판 1쇄 발행 2016년 6월 30일

엮은이 | 경남대학교 극동문제연구소
펴낸이 | 윤 관 백
펴낸곳 | 도서출판 선인

등 록 | 제5-77호(1998.11.4)
주 소 | 서울시 마포구 마포대로 4다길 4 곶마루 B/D 1층
전 화 | 02)718-6252/6257
팩 스 | 02)718-6253
E-mail | sunin72@chol.com

정가 15,000원

ISBN 978-89-5933-987-7 94300
ISBN 978-89-5933-984-6 (세트)

경남대학교 극동문제연구소 분단70년 특별기획시리즈 3

분단 70년의 남북한 사회 · 문화

경남대학교 극동문제연구소 편

도서출판 선인

❧ 서문 ❧

분단 70년의 세월이 지나갔다. 70년이라는 오랜 세월이 흐르는 동안 남북한은 서로 다르게 변화했으며, 분단질서는 아직 지속되고 있다. 이러한 현실 속에서 통일당위론을 내세우고 정형화된 해법을 제시하는 것만으로는 분단의 제약을 극복하고 통일을 달성하기가 어렵다. 따라서 이 책의 필진들은 기존 통일연구 및 남북관계의 접근법과 문제의식에 대한 반성과 성찰을 토대로, 분단과 통일의 논의에 대한 새롭고 창의적인 접근법을 모색하였다.

이러한 문제의식에 기초해 필진들은 우선 분단에 따른 남북한의 변화를 다양한 층위와 수준에서 체계적으로 정리했다. 일련의 세미나와 기획회의를 통해 분단 70년의 한반도를 입체적으로 조망하는 것과 더불어 기존에 논의하지 않았던 접근법은 무엇인가에 대해서도 심층적으로 토의했다. 한반도 분단의 주요 당사자가 남북한이라는 점에서 남북관계의 주요 쟁점사항을 분석함과 동시에 한반도 분단을 둘러싼 국제관계라는 시각에서 고찰했으며, 사회 · 문화연구를 통해서 남북한의 이질적 문화와 정서가 주는 함의에 대해서도 연구를 진행했다.

본 연구서 시리즈는 분단 및 통일 관련 주요 이슈를 '남북관계', '국제관계', '남북한 사회 · 문화'로 분류했으며, 총 3권의 17편의 논문으로 구성되어 있다. 이 책에서 다루고자 하는 내용을 개괄하면 다음과 같다.

제3권 남북한 사회·문화 편에서는 탈북자 문제, 한류, 남북한의 양극화 등 통일과정에서 직면하고 해결해야 할 주요한 사회 이슈를 중심으로 다루었다. 먼저 정은미는 남북한 사회의 경제·사회적 양극화와 정치 양극화에 대한 개념에 대해 설명하고 남한과 북한의 양극화에 대한 실태를 분석한다. 남한 내에서의 양극화, 북한 내에서의 양극화 등 남북한 사회의 양극화 문제가 통일 이후 사회통합을 저해하는 주요 요인이 될 것이라 지적하고 있다.

윤인진은 북한이탈주민이 급증하고 있는 추세 속에 북한이탈주민과 한국사회와의 관계를 새롭게 정립하고 그에 따라 정부정책의 변화에 필요성을 제기한다. 이를 위해 전환기에 선 북한이탈주민의 실태를 사회통합의 관점에서 경험적으로 고찰하고 북한이탈주민의 자립과 한국사회로의 통합을 촉진할 수 있는 방안들을 모색하는 것이 필요하다고 주장하고 있다.

이우영은 분단 이후 북한이 사회주의 이념에 따라 문화건설을 추진하면서 문화체제가 구축되었지만, 남한과의 관계도 북한 문화의 형성과 관련이 있다고 주장한다. 북한 문화의 특징을 이해하기 위해서는 북한 문화의 내적인 변화과정과 더불어 남북관계를 함께 고찰하여야 한다는 것이다. 이 글은 북한에 유입된 남한문화를 어떻게 이해해야 하는지를 논의하고 있으며, 더 나아가 남한문화가 북한 체제의 변화에 어떻게 영향을 미치고 있는가를 탐구한다.

전영선은 남한에서의 북한 문화 수용의 의미와 역사를 되짚어보고 이에 대한 남한정부의 대응방식을 살펴보고 있다. 이 글에서는 북한이탈주민, 방송·언론, 인터넷, 통일 관련기관에 의한 북한 문화의 수용과정 및 방식에 대해 고찰하고 통일과 통일과정에 대비한 자연스러운 북한 문화 수용 방안에 대해 논의한다.

조한범은 남한주민들과 북한주민들의 통일에 대한 의식조사 자료를 통해 분단체제의 변화 양상이 통일의식에 미치는 영향을 분석한다. 남한의 경우 1980년대까지 통일의식은 남북한 간의 첨예한 냉전적 대립이라는 구조적 요인에 의해서 영향을 받았고 북한은 적대적 대상으로 인식되었다. 그리고 1980년대 후반 노태우 정권의 북방정책과 7.7 선언으로 남북관계는 냉전적 대립에서 교류와 협력이라는 공존관계로 변화하기 시작했고 북한에 대한 현실적 인식도 점차 확산되었다는 점을 지적한다.

분단 70년이 지난 오늘날에도 북한의 제4차 핵실험, 개성공단 폐쇄, 유엔의 대북제재, 사드(고고도미사일방어) 배치 등 남북관계문제가 산적해있다. 이러한 복잡다단하고 지난한 문제를 해결하기 위해서는 우리 국민들의 지혜와 슬기로움이 어느 때보다 절실하다. 아무쪼록 본 연구가 한반도의 분단과 통일에 대해서 고민하는 사람들에게 새로운 접근법과 해법을 생각할 수 있는 단초가 되기를 바란다. 아울러 이 책이 남북 간의 긴장을 완화하고 한반도 평화를 공고히 하는데 미력하나마 도움이 되었으면 한다.

이 책이 나오기까지 물심양면으로 격려와 지원을 아끼지 않은 박재규 총장께 감사드린다. 세 권의 책으로 출간될 수 있도록 각각의 원고를 책임지고 제출해준 필자들에게 감사의 마음을 전하고 싶다. 아울러 기획과 편집의 수고를 아끼지 않은 김근식 교수와 박재호 연구원을 비롯한 연구진의 노고에 감사드린다. 마지막으로 책을 출간하는데 각별히 애써주신 도서출판 선인의 윤관백 사장님과 관계자분들께도 고마운 마음을 전한다.

2016. 6.

경남대학교 극동문제연구소 소장

윤 대 규

차례

양극화되는 남북한 사회

정 은 미
서울대학교 기초교육원 강사

양극화되는 남북한 사회

"불평등은 그 자체로 반드시 나쁜 것은 아니다. 핵심적인 문제는 그 불평등이 정당화될 수 있는가, 그 불평등에 합당한 이유가 있는가이다."

– 토마 피케티, 『21세기 자본』 중에서

Ⅰ. 서론

1945년 8월 분단된 민족국가로 출발한 남한과 북한은 각각 '압축적 근대화'(compressed modernization)[1]와 '추격 발전'(catch-up development)

1) 장경섭에 의하면, 압축적 근대성(compressed modernity)은 정치적, 경제적, 사회문화적 변화가 시간·공간적 차원을 아울러 극히 단축적으로 이뤄지고 서로 이질적인 역사적 및 사회적 문명요소들이 동적으로 공존하면서 매우 복합적이고 유동적인 사회체계가 구성·재구성되는 사회적 상황이다. 장경섭, "세계의 한국화?: 반영(反映)적 지구화 시대의 압축적 근대성," 한국사회학회 사회학대회 논문집, (2010년 12월), p.507.

을 통해 세계사적으로 유례없는 매우 빠른 속도로 식민국가로서의 굴욕의 역사를 극복하고 동시에 서구의 발전국가들을 따라잡기 위해 애썼으며, 한때 남북한 모두 영광의 순간들을 누리기도 했다. 그러나 분단 70년을 맞은 남북한은 여전히 분단된 채 한쪽은 '위험사회'로, 다른 한쪽은 '기근사회'라는 낙인을 안은 채 살고 있다. 이러한 낙인들은 두 사회가 반세기가 채 되지 않는 기간에 성취해낸 고도의 경제성장과 사회변동의 이면에 누적된 엄청난 사회적 모순과 갈등, 위험 등을 제대로 파악하고 적절하게 대응하지 못했기 때문에 발생했다고 볼 수 있다. 울리히 벡(Ulrich Beck)이 "근대화가 지속되는 중에 '부를 분배하는' 사회의 사회적 지위와 갈등은 '위험을 분배하는' 사회의 그것들과 결합되기 시작한다"[2]고 예리하게 지적한 것처럼, 작년에 남한에서 발생한 세월호 사건과 북한에서 발생한 신축 고층아파트의 붕괴 사건은 '거울영상'(mirror image)처럼 너무나 닮아 있다.

세계적 탈냉전의 무드 속에서 여전히 냉전체제를 공고히 유지하던 한반도는 20세기 끝자락에서 북한이 수백만 아사설을 떠돌 정도의 끔찍한 대기근 참사가 일어난 '고난의 행군'의 시기를 보내고 있던 비슷한 시기에 남한 역시 IMF 외환위기를 통해 대량의 실업자의 양산과 가족해체, 자살 증가 등의 격변의 사회변동을 겪었다. 남한은 '신자유주의'라는 옷에 맞춰 전 사회의 구조조정을 거침없이 단행했으며, 북한은 '시장화'를 통해 생존 위기를 돌파해나갔다. 그리고 그 격변의 소용돌이를 지나 분단 70년을 맞은 현재적 시점에서 아이러니하게도 남한과 북한 모두 양극화(polarization)라는 사회적 문제에 직면하고 있다.

2) 울리히 벡 지음, 홍성태 옮김, 『위험사회: 새로운 근대(성)을 향하여』 (서울: 새물결, 2006), p.54.

양극화란 한 사회 내부에서 중간층이 소멸하고 소수의 상층과 다수의 하층이 분리되고 분열되는 현상을 의미한다. 양극화는 사회적 자원의 이원적 편중이 고착된 상황으로, 한 사회가 잘사는 사람들(가진 자)과 못사는 사람들(가지지 못한 자)로 양분되면서 그들 상호 간에 물적 · 정신적 소통이 원활치 못한 단절 상태를 뜻한다. 한국 사회에서 나타나는 양극화는 일반적인 자본주의사회에서 주로 나타나는 경제적 분배에서의 양극화뿐만 아니라 정치이념적 양극화가 동시에 나타나고 있다는 점에서 복잡성을 지닌다. 북한의 경우 '탈사회주의화'와 '시장화'가 동시에 진행되면서 한편으로는 새로운 중산층의 등장과 더불어 다른 한편으로는 양극화라는 불평등의 심화가 동시에 나타나고 있다는 점에서 중층적 양상을 보이고 있다.

서구 사회에서는 1960년대에 이미 계층 양극화론이 사회과학계에서 절정을 이루었던 주제였던 반면에, 우리 사회에서 양극화 담론은 1997년 IMF 외환위기를 매개로 2000년대 중반부터 본격적으로 등장하기 시작했다. 양극화라는 용어가 공식적으로 등장한 것은 2005년 노무현 대통령의 신년사와 신년 기자회견부터이다. 2005년 당시 노무현 정부는 구조화되고 있는 각종 사회의 양극화 현상을 극복하기 위해 성장과 분배를 동시에 추구하는 '동반성장론'을 제안했다. 그리고 이를 실현하기 위해 규제적 부동산 정책, 고용창출, 평등한 교육기회 확산을 정책의 우선 과제로 설정한 바 있다. 그러나 통계청의 사회통계에서 확인되듯이 우리 사회의 양극화 문제는 개선되기는커녕 경기침체의 장기화에 따라 오히려 양극화가 더욱 심해지고 있는 양상이다. 우리가 양극화 현상을 우려하는 이유는 그것이 한국 사회의 역동성과 사회통합을 저해하는 주요 요인으로 작용할 뿐만 아니라 통일 환경의 조성은 물론 통일 이후 사회발전과 사회통합을 더욱 어렵게 만드는 요인으로 작용하기 때문이다.

그럼 군사분계선의 위쪽 지역인 북한 사회는 어떠한가. 1990년대 중반 대기근과 경제위기 속에 통치권을 승계한 김정일 지도부의 '7.1경제관리개선조치'는 생존을 위한 불가피한 선택이었을 것이다. 예전과 같이 전인민의 부양을 국가가 책임질 수 없는 상태에서 인민들 개개인들이 시장을 통해 스스로 생존을 모색하도록 북한당국은 암묵적으로 허용하였다. 그 결과 북한 사회는 빠르게 시장메커니즘에 맞춰 재구성되어 갔으며, 공식부문과 비공식부문 간의 그리고 계획경제 부문과 사경제 부문 간의 상호의존(interdependence) 또는 공생(symbiosis)이 새로운 북한 사회의 구조적 특성으로 나타나고 있다. 또한 북한 사회는 정치사회적 자원(출신성분, 충실성 등) 이외에 시장 자원에 따라 빠르게 사회적 층화(social stratification)가 이뤄지고 재위계화(rehierarchization)가 진행되고 있다. 그러한 사회변동 속에서 21세기 북한 사회 역시 경제사회적 불평등이 심화되고 양극화 현상이 나타나고 있다.

II. 남한 사회의 양극화

1. 경제사회적 양극화의 특징과 양상

분단 이후 한국 사회는 눈부신 경제성장을 이뤘다. 통계청의 자료를 인용하면, 한국의 GDP(국내총생산)는 1970년 약 2조 7천억 달러에서 2014년 1,485조 달러로 약 531배 증가했다. 이 성적은 분명히 세계인들이 '한강의 기적'이라며 한국 사회의 발전과 한국인들의 근면성을 칭송하는 것에 우리 국민들은 자긍심을 느끼기에 충분하다. 하지만 엄청난

국부(國富)의 성장 이면에서 쌍둥이처럼 자라온 어두운 그림자에 대해선 관심이 없었거나 애써 외면해왔다. 세계적인 석학인 지그문트 바우만(Zygmunt Bauman)이 "GDP 통계는 부의 분배방식을 드러내지 않고 숨긴다. 무엇보다 중요한 것은 GNP 통계가 '전체 부'의 증가가 사회적 불평등의 심화와 병행한다는 진실을 은폐하고 있다는 점이다"[3]라고 신랄하게 현대사회를 비판한 것처럼, 한국 사회의 불평등 수준은 이미 매우 심각하다.

양극화는 소득 양극화에 국한되지 않고 주거, 교육, 소비, 의식 등 시민들의 삶의 전 영역에 커다란 영향을 미치고 있다. 한국 사회 양극화는 단순한 경제적 불평등을 넘어서는 다차원적이고 중층적인 사회적 문제로 되고 있다. 바우만이 "경제성장은 끔찍한 사회문제들에 대한 보편적 해결책이 아니라 그러한 문제들을 지속시키고 심화시키는 주된 원인으로 보인다"[4]고 지적한 것은 정확한 통찰력이다. 생활고를 이기지 못해 가족 전체가 자살을 선택하는 사건이 비일비재 일어나고 있으며, 취업난에 시달리고 있는 청년들은 자신들을 3포(연애 · 결혼 · 출산의 포기)세대라고 부르며 자조(自嘲)하기도 한다. 심지어 한국은 OECD 국가들 중 자살률이 가장 높은 나라라는 불명예를 안고 있다.[5] 양극화 현상이 심각한 사회적 문제로 간주되는 이유는 그것이 빈곤과 불안정, 사회통합의 저해 요인으로 작용하기 때문이다. 김문조(2008)

3) 지그문트 바우만 지음, 안규남 옮김, 『왜 우리는 불평등을 감수하는가』 (파주: 동녘, 2014), p.56.

4) 위의 책, p.60.

5) OECD의 건강지표에 의하면 2011년 기준으로 국가별 인구 10만 명당 자살로 인한 사망자수는 멕시코 5.2명, 영국 6.7명, 덴마크 10.2명, 독일 10.8명, 호주 10.1명, 미국 12.5명, 체코 14.3명, 핀란드 16.4명, 일본 20.9명, 헝가리 22.8명, 한국 33.3명으로 나타났다. http://stats.oecd.org (2014. 7)

는 현재 한국 사회의 양극화를 일종의 '신(新) 신분사회'의 도래로 규정하며, 이는 부와 사회적 지위가 세습되는 전 근대사회로의 '퇴행'이라고 지적하기도 한다.

1) 소득의 양극화

앞서 양극화라는 개념 정의에서 언급했듯이 중산층의 규모 변화는 양극화를 측정하는 중요한 지표이다. IMF 외환위기 이후 중산층이 크게 감소했는데, 부유층으로의 상향 이동보다는 빈곤층으로의 하향 이동이 두드러지게 나타난다는 특징을 보인다. 2006년 삼성경제연구소가 추정한 계층 이동을 보면, 중층 1997년 64.8%→2000년 61.9%→2005년 59.5%, 상층 1997년 21.8%→2000년 23.2%→2005년 23.5%, 하층 1997년 13.4%→2000년 14.9%→2005년 17.1%로 IMF 외환위기 이후 중산층의 감소와 하류층의 증가 경향이 뚜렷하게 나타났다.[6] 또 다른 자료를 보면, 〈표 1〉에서 보이듯 통계청의 자료 중에 한국인의 주관적 계층의식에서 "중"에 속한다고 응답한 비율은 1999년 54.9%, 2006년 53.4%, 2013년 51.4%로 점차 감소하고 있다. 반면에 "하"의 응답률은 1999년 44%, 2006년 45.2%, 2013년 46.7%로 점차 증가하고 있다.

〈표 1〉 한국인의 주관적 계층의식 변화 (단위:%)

가	1999	2003	2006	2009	2011	2013
상	1.1	1.4	1.5	2.7	1.9	1.9
중	54.9	56.2	53.4	54.9	52.8	51.4
하	44	42.4	45.2	42.4	45.3	46.7

출처: 통계청 「사회조사」, 각 년도.

6) 민승규 외, 『소득양극화의 현황과 원인』 (삼성경제연구소, 2006).

한국인의 주관적 계층의식에서 중산층의 감소와 하류층의 증가 현상과 맞물려 사회이동 가능성에 대한 인식 역시 부정적인 측면이 늘고 있다. 사회적 이동 가능성에 대한 인식은 개인의 일생 동안 혹은 세대에 걸쳐 사회계층의 위치를 높일 수 있는 가능성을 얼마나 낙관적으로 보는가를 나타내는데, 통계청의 「사회조사」 자료에 의하면 2013년 현재 세대 간 사회적 이동의 가능성이 높다고 생각하는 비율은 39.9%, 세대내 이동가능성이 높다고 생각하는 비율은 28.2%이다. 이 수치는 우리 국민이 세대 간 이동가능성과 세대내 이동가능성 모두 비관적으로 인식하는 경향이 강하며, 특히 세대 간보다 세대내 이동가능성에 대해 더 비관적으로 인식하고 있음을 보여준다. 또한 사회적 이동 가능성에 대해 남성이 여성보다 더 비관적으로 인식하고 있으며, 젊은 층일수록, 학력이 높을수록 더 비관적으로 인식하는 경향이 있는 것으로 나타났다. 사회적 이동 가능성에 대한 비관적 인식의 증가 경향은 결국 현재 상태를 개선하고자 노력하는 동기를 부여하지 못하고 결과적으로 한국 사회 전체의 역동성이 저하된다는 점에서 우려스러운 일이다.

다음으로 소득의 양극화를 살펴보자. 일반적으로 소득 불균등을 보여주는 지표로 지니계수, 소득 분배율(5분위, 10분위), 상대적 빈곤율 등이 있다. 이 중에서 지니계수는 한 국가의 가구 간 소득불평등도를 나타내는 가장 대표적인 지표로 상용되며, 0에서 1 사이의 비율을 가지고 1에 가까울수록 불평등도가 높은 상태를 나타낸다. 통계청에서 발표하는 지니계수는 처분가능소득(도시 2인 이상 가구 포함)을 기준으로 IMF 외환위기 이전인 1995~1997년 동안 대략 0.25수준이었으나, 경제위기 이후인 1998년과 1999년에는 0.28 수준으로 높아져 소득 불평등이 크게 악화되었음을 알 수 있다. 2000년 들어 0.26으로 떨어지는가 했으나 이후 다시 높아져 2013년 0.28수준을 유지하고 있다. 하지만 전체 가구(전국, 1인 가구 및 농가 포함)를 대상으로 한 지니계수의 경우는 2006년~2013년 시기에 0.30~0.31 수준으로 높아진다. 도시 2인 이상 가구를 대상으로 작성된 지니계수가 전체 가구의 지니계수보다 더 낮게 나타났다는 것은 도시가구 간 소득불평등도가 상대적으로 낮음을 알 수 있다. 2010년 OECD 평균 지니계수가 0.31인 것을 감안하면 한국 사회의 불평등 수준이 큰 문제가 아닌 것처럼 보일 수도 있다. 하지만 소득분배율을 보면 한국 사회의 소득 불평등 수준을 좀더 구체적으로 알 수 있다.

〈표 2〉에서 보이듯 명목소득을 기준으로 5분위 소득과 1분위 소득 간의 격차는 2003년 5.3배 수준에서 2005년 5.8배로 크게 늘어났으며, 이 격차는 2011년까지 계속 증가 추세에 있다가 2012년부터 서서히 줄어들어 2014년 5.7배를 나타내고 있다. 소득 5분위와 1분위 간의 격차가 1997년 외환위기 발생 이전 1991~1997년 평균 4.46배, 외환위기 직

〈표 2〉 소득분위별 가구소득(명목소득 기준) (단위: 만원)

	계	1분위	2분위	3분위	4분위	5분위
2003	263.1	92.7	176.3	240.1	314.4	491.7
2004	278.8	97	182.1	251.3	334.7	529
2005	289.8	96.2	187.8	261.5	347.7	555.9
2006	303.8	99.7	194.2	272.3	368	584.5
2007	320	101.9	203.9	285.7	384.7	623.6
2008	339.1	108	214.7	301.6	406.1	664.7
2009	343.2	109.8	220.5	309.6	413.6	662.1
2010	363.2	119.1	240	329.4	435.8	691.3
2011	384.2	125.5	255.1	350.5	459.1	730.3
2012	407.7	135.2	271.4	369.7	487.3	774.7
2013	416.2	138.3	280.4	378.1	499.3	784.7
2014	430.2	146.1	286.6	391.7	513.7	812.9

출처: 통계청, 「가계동향조사」, 각 년도.

후인 1999년 5.48배였던 것에 비하면 2000년대 들어와 소득 불평등이 크게 심화되었음을 알 수 있다.

소득 불평등 정도를 보여주는 또 다른 지표인 상대적 빈곤율을 살펴보자. 상대적 빈곤율이란 소득이 중위소득의 50%미만인 계층이 전체 인구에서 차지하는 비율이다. 통계청 자료에 의하면, 우리나라의 상대빈곤은 1997년 외환위기 이전까지 10%를 넘지 않는 수준이었으나 환란 위기 10%를 넘었으며 2003년 이후부터는 빠르게 증가하여 2011년에 18.3%로 정점을 찍었다가 2013년 17.8% 수준을 나타내고 있다. 특히, 우리나라 노년층의 상대적 빈곤율은 매우 심각한 수준이다. 최근 발표된 OECD의 보고서에 의하면 한국의 65세 이상 노인층에서의 상대적 빈곤율은 49.6%로 OECD 평균(12.6%)을 훨씬 초과해 35개 회원국들 가운데 가장 높았다.[7)]

2014년 10월에 한국조세재정연구원에서 발표된 "소득이동 현황과 결정요인 분석" 보고서에 의하면, 한국의 중산층(소득수준 50~150%)의 규모는 2009년 47.4%→2010년 46.1%→2011년 42.4%→2012년 41.3%로 4년만에 6.1% 포인트 감소하였다. 반면에 저소득층은 2009년 24.5%→2012년 26.1%, 고소득층은 2009년 28.1%→2012년 32.6%로 각각 1.6% 포인트, 4.5% 포인트 증가하였다. 또한 중산층의 연도별 계층 이동률은 2009년 기준으로 저소득층으로 하락 5.9%, 중산층 잔류 34.6%, 고소득층으로 상승 6.9%였던데 반해, 2011년 중산층의 잔류 비율은 31.2%로 3.4% 포인트 하락하였다. 같은 기간 저소득층과 고소득층의 잔류 비율은 각각 1.9% 포인트, 2.7% 포인트 상승하였다. 이 결과는 중산층 자체는 축소되는 반면 저소득층과 고소득층의 경우 계급 잔류 비율이 높아

7) OECD, *In It Together: Why Less Inequality Benefits All* (2015).

지는 양상으로 소득 양극화의 고착과 소득 격차의 확대가 동시에 나타나고 있음을 시사한다.

2) 자산의 양극화

부의 불평등 분배는 이미 세계적 현상이다. 유엔 대학의 한 보고서에 의하면, 2000년 현재 최상위 1%의 부자가 전 세계 자산의 40.1%를 소유하고 상위 10%의 부자가 전 세계 부의 85.2%를 차지하는 반면에 하위 50%는 전 세계 부를 겨우 1%만 차지하는 것으로 나타났다.[8] 그럼 한국 사회의 부의 분배는 어떠한가. OECD의 보고서에 따르면, 2012년 1% 최상위 부유층은 전체 자산의 18%를 보유했지만, 하위 40%는 3%만 갖고 있다.[9]국회 기획재정위원회 박원석 의원이 2014년 10월 27일에 발표한 '부동산 100분위 현황보고서'에 의하면, 우리나라 상위 1% 부자가 보유한 부동산은 전체의 16%에 이른다. 이는 하위 55.6%가 보유한 것과 맞먹는 금액이어서 계층별 자산 양극화를 극명하게 보여준다. 또한 상위 10%가 보유하고 있는 부동산은 전체의 46%인 것으로 나타났다. 나아가 자산 격차는 강남과 강북, 버블세븐 지역 등으로 상징되는 주거 지역의 양분화 현상으로 이어지고 있으며, 후술하겠지만 주거지역의 양분화(또는 구획화)는 교육격차와 밀접히 연계되어 있다.

자산 격차는 성별, 소득별 불평등이 내재되어 있다는 점을 간과해서는 안된다. 통계청의 자료에 의하면, 한국 전체가구의 가구당 평균 자산은 2013년 3억 2,688만 원으로 전년 대비 1.1% 증가하였는데, 가구당

8) James B. Daives, Susanna Sandström, Anthony Shorrocks, and Edward N. Wolff, "The World Distribution of Household Wealth," *Discussion Paper* No.2008/03, World Institute for Development Economics Research, United Nations University, Feb. 2008, pp.7~8.

9) 위의 책.

평균 자산이 금융자산 27%, 실물자산 73%로 구성되었다는 점에서 부동산의 보유 정도가 자산 격차를 발생시키는 중요한 요소임을 알 수 있다.

순자산의 규모를 가구주 성별로 나누어 살펴보면, 남성 가구주의 순자산액은 3억 663만 원이고 여성 가구주의 경우에는 1억 2,935만 원으로 남성 가구주의 순자산액이 여성 가구주의 순자산액보다 3배 정도 더 많음을 알 수 있다. 가구소득(경상소득)을 기준으로 분류한 소득분위별 가구 평균 순자산을 살펴보면, 2013년 소득 5분위 가구의 평균 순자산은 6억 1,474만 원으로 2010년 대비 18.9% 증가한 반면 소득 1분위 가구의 평균 순자산은 8,774만 원으로 2010년 대비 11.6% 감소하여 소득계층 간 순자산의 격차가 더욱 심화되고 있다.

3) 노동시장의 양극화

소득의 양극화는 노동시장의 양극화와 밀접히 관련되어 있다. IMF 외환위기 이후 한국의 노동시장은 신자유주의에 철저히 부합하도록 구조개혁이 이뤄졌다. 무엇보다도 신자유주의는 노동시장의 유연화를 가져왔으며, 그로 인해 저임금 비정규직이 크게 확대되었다. 그 결과 한국의 노동시장에서 정규직과 비정규직의 격차는 매우 심각한 수준이며, 한국의 비정규직과 정규직 간의 소득·처우 불균형은 경제개발협력기구(OECD) 가운데 가장 심한 축에 속한다. OECD의 통계자료에 의하면, 2011년 기준으로 국가별 임금 10분위 배율(하위 10%인 1분위 임금근로소득 대비 상위 10%인 10분위 임금소득의 배율)은 스웨덴 2.31, 핀란드 2.58, 일본 2.97 독일 3.34 한국 4.85 미국 5.03으로 한국의 임금격차는 매우 심하다.

통계청의 고용관련 자료에 의하면, 전체 임금근로자 중 비정규직 비율은 1996년 43.2%에서 외환위기를 거치며 1997년 45.7%, 1998년 46.9%, 1999년 51.6%, 2000년 52.1%로 치솟았다. 이후 2001년 26.8%로 크게 감소했다가 2003년 이후 계속 30% 중반 대를 기록하고 있다. 더욱이 세계 금융위기가 닥친 2008년 44.4%까지 다시 오른 비정규직 비율은 2009년 42.9%, 2010년 40.6%, 2011년 38.7%, 2012년 37.3%, 2013년 35.6% 수준이다.

더욱이 심각한 문제는 비정규직의 처우가 시간이 갈수록 좋아지기는커녕 오히려 정규직과 차이가 벌어지고 있다는 점이다. 최근 고용노동부(2014년 10월)가 3만 1천663개 표본사업체 소속 근로자 82만여 명을 대상으로 조사한 결과, 비정규직과 정규직의 월 임금 차이는 2008년 134만 9천 원에서 지난해 158만 1천 원으로 더 커졌다. 2013년에 비정규직의 임금은 정규직의 47.0% 수준이다.

세부적으로 비정규직의 유형별로 정규직과의 임금격차를 보면 상태는 더 심각하다. 〈표 3〉에서 보이듯, 2014년 기준으로 파견/용역근로자의 임금은 정규직의 55.9%, 단시간 근로자의 임금은 정규직의 25.6%, 기간제근로자의 임금은 정규직의 71.8%인 것으로 나타났다.

〈표 3〉 정규직과 비정규직의 임금격차 (단위: 정규직임금=100)

	2007	2008	2009	2010	2011	2012	2013	2014
파견/용역근로자	56.4	57	57.4	57.2	58.3	57.3	60	55.9
단시간근로자	30.4	29.9	29.3	28.6	28.4	27.7	27.6	25.6
기간제근로자	70.3	69.7	68.7	69.4	70.9	69.2	74	71.8

출처: 고용노동부, 「고용형태별근로실태조사((구)임금구조기본통계조사포함)」, 각 년도.

임금의 격차는 고용형태뿐만 아니라 사업자의 규모에 따라서도 크게 나타나고 있다. 〈표 4〉에서 나타나듯 시간이 지날수록 대기업과 중소기업의 임금격차는 점점 더 벌어지고 있다. 1995년 대기업 대비 중소기업의 임금 비율은 71.2%였으나, 2000년 65%, 2005년 57.6%, 2010년 54.8%, 2014년 52.%로 점차 줄어들고 있다. 정부나 산업체에서는 청년들이 중소기업을 기피하는 현상을 지적하고 있지만, 이처럼 대기업과 중소기업의 임금격차가 큰 노동시장의 현실을 감안했을 때 청년들의 중소기업 기피현상을 비난할 수만은 없는 문제이다.

〈표 4〉 대기업 대비 중소기업의 임금비율 (단위: %)

연도	1995	2000	2005	2010	2011	2012	2013	2014
비율*	71.2	65	57.6	54.8	52.9	53.2	52.9	52.5

출처: 고용노동부, 「사업체노동력조사」, 각 년도.
* 대기업 대비 중소기업 임금 비율(제조업)= (중소기업 임금 ÷ 대기업 임금) × 100.

이 밖에도 최근 노동시장에서 나타나는 새로운 문제는 세대 간 양극화(베이비부머 baby-boomer 세대 vs. 에코부머 Echo-boomer 세대)이다. 최근에 청년세대를 일컫는 용어로 '빨대족', '잉여세대', '청년실신'등이 유행했던 것처럼 노동시장에서의 세대 간 양극화는 연금개혁을 둘러싼 세대 간 갈등이나 저출산 대 고령화 문제 등 다양한 사회적 문제들과 연계되어 향후 사회갈등의 주요 요인으로 작용할 것으로 예상된다.

특히, 청년실업률이 역대 최고 수준에 이르고 있는 현재 청년세대가 느끼는 무기력감은 매우 심각한 수준이다. 현대경제연구원이 최근에 발표한 계층상승 사다리에 대한 설문조사의 자료에 의하면, 계층상승에 대한 부정적 인식이 전 계층으로 확산되고 있으며, 특히 20대에서 크게 악화되었다. 개개인이 열심히 노력하더라도 계층상승 가능성이 낮다는 부정적 응답률이 2013년 75.2%에서 2015년 81%로 5.8%p 상승

하였는데, 20대 청년층은 2013년 70.5%에서 2015년 80.9%로 10.4%p로 상승하였다. 이러한 변화는 청년실업률이 2013년 8%에서 2015년(7월) 10%로 상승하고, 임금근로자 중 비정규직 비중이 같은 기간 29.7%에서 30.9%로 증가한 것과 무관하지 않다.[10)]

노동시장에서 청년세대의 상대적 박탈감과 무기력의 증가는 청년세대에 나타난 통일에 대한 무관심 또는 보수적 성향과도 무관하지 않다. 서울대학교 통일평화연구원이 발표한 2014년 통일의식조사의 결과에 의하면, 통일이 '필요없다'고 응답한 20대는 32.1%, 50대 이상은 15.3%로 나타났으며, 통일이 '불가능하다'고 응답한 20대는 30.5%, 50대 이상은 19.6%로 세대 간 통일의식의 격차가 큰 것으로 나타났다. 또한 정부의 통일 대박에 대해 20대는 21.8%가 공감한다고 응답한 반면에, 50대 이상은 40%가 공감한다고 응답했다.

4) 주거와 교육의 양극화

한국 사회의 양극화의 특이 현상 중 하나는 거주지를 중심으로 한 생활공간의 분리가 생활양식의 분화를 통해 사고, 가치, 행위, 의식세계를 통괄하는 문화 격차를 야기함으로써 새로운 계급질서를 형성해 가고 있다는 점이다. 다시 말해서, 거주지역이 계급재생산의 중요한 요소가 되고 있다.

통계청의 인구주택총조사 자료에 의하면, 한국의 주택 보급률은 2002년을 기준으로 이미 100%를 넘어섰지만, 2010년 기준 자가 점유 비율은 전국 기준 54.2%, 특히 서울의 경우는 41.1%에 불과하다. 주거

10) 이준협, "현안과 과제: 계층상승 사다리에 대한 국민인식 설문조사"(15-29호), (서울: 현대경제연구원, 2015).

의 양극화는 특정지역과 주택유형에 차별적으로 발생하는 가격폭등이 강력한 동인으로 작용하는데 강남 집값이 바로 그 전형에 속한다. 6억 원을 초과하는 아파트의 분포는 전국에서도 강남, 서초, 송파구에 단연 집중되어 있다. 임대주택에 대한 빈부격차 역시 마찬가지 구조로, 서울에서 전셋값 10억 원 이상인 아파트가 5년 만에 5배 가까이 늘어났는데, 이들 고가 전세 아파트 대부분은 강남구와 서초구에 집중돼 있는 것으로 나타났다.

주거지의 양극화 문제는 교육의 지역별 양극화를 심화시키고, 나아가 직업군의 선택에도 차등적 결과를 초래할 수 있는 조건을 형성하게 된다. 주거지 양극화와 교육 양극화는 상호 무관한 별개의 현상이 아니라 명문학원의 분포와 학군이라는 한국 사회 특유의 교육현실 및 교육정책과 맞물린 연계적 쟁점이다. 한국 사회의 교육격차는 공간적 분리와 함께 세습화의 경향을 보인다는 점에서 심각성이 크다. 특히, 지역별 대학진학률의 차이는 거주지역과 밀접하게 관련되어 있으며 결과적으로 사회적 양극화의 재생산에 기여하고 있다.

서울대학교 경제학부 김세직 교수는 서울지역 고교 유형(특목고·일반고)과 서울대 입학률, 서울 자치구별 아파트 매매가 및 사설학원 수와 서울대 합격률 등을 비교분석해 다음과 같은 결론을 내놓았다. 2013년 서울대에 합격한 서울지역 학생의 출신 자치구를 따져보니, 학생 100명당 서울대 합격자가 강남구에서는 2.1명인데, 강북구는 0.1명으로 21배 차이가 났다. 강남구와 함께 이른바 '강남 3구'로 불리는 서초구가 1.5명, 송파구가 0.8명으로 상위 1~3위를 휩쓴데 반해, 구로구와 금천구는 각각 0.2명으로 강북구와 함께 하위 1~3위를 차지했다. 이는 자치구별 아파트 매매가와 거의 정확하게 일치하는데, 강남·서초·송파구가 차례대로 매매가 1~3위를 차지했고, 강북·구로·금천구는 도봉 · 중랑구와 함께 아파트 매매가가 낮은 5개 구에 속했다. 자치구별 사설학원 수와 서울대 합격률의 관계 역시 비슷한 경향을 보였다.[11)]

5) 소비의 양극화

한국 사회의 양극화는 소득보다 소비에서 보다 뚜렷하게 포착된다. 소득계층별 소비지출의 특성을 분석한 한국소비자원의 정책연구보고서에 의하면 소비부문에서 사회양극화 현상은 뚜렷하게 나타난다.[12)] 가처분소득 계층의 소비지출 점유율을 보면 2002년 하층 0.127, 중층 0.582, 상층 0.290에서 2007년 하층 0.126, 중층 0.578, 상층 0.296으로 나타나 중층 소비지출 점유율은 감소하고 상층의 소비지출 점유율은 증가하였다.

소득계층별 필수 비목의 소비지출 특성을 보면, 소득수준이 가장 높은 상위 20%의 경우 식료품과 음료, 의료비, 대중교통 소비지출 점유율이 증가하였고, 고급화되는 경향이 나타나고 있다. 반면에 중층과 하층은 다른 소비 지출 요구를 충족시키기 위해 식료품과 음료의 소비를 줄이고 있다.

준필수 비목의 소비지출 내역 역시 소득계층별 차이가 분명히 나타나고 있다. 중층이 소비를 주도하는 것은 외식과 사교육비이고, 상층 중심의 소비 지출은 피복비, 이미용, 장신구, 교양오락, 자동차로 나타났다. 하층의 경우는 주류에 상당한 지출이 이루어지고 있다.

---

11) 김세직, "경제성장과 교육의 공정경쟁," 서울대 경제연구소, 『경제논집』 7월호, (2014).

12) 송순영, 이성림, "소비부문 사회양극화 현상과 대책 방향," (한국소비자원, 정책연구 보고서, 2008).

2. 정치이념적 양극화의 특징과 현황

한국 사회의 양극화 문제는 경제사회적 측면에서뿐만 아니라 정치이념적 측면에서도 나타나고 있다는 점에서 그 심각성이 크다. 2002년 노무현 정부의 탄생과 2008년 이명박 정부의 집권을 계기로 한국 사회는 이분법적 정치이념적 갈등과 대립의 현상이 심화되고 있다. 노무현 정부 시기에는 국가보안법 폐지, 세종시로의 수도 이전, 대통령 탄핵 등 대내적 문제로 정치이념적 양극화 현상이 발생했다. 이명박 정부의 경우에는 출범 초기부터 한미FTA를 둘러싼 쇠고기수입반대 촛불시위를 시작하여, 용산참사, 한반도 대운하 사업, 천암함 침몰 등 대내적 차원에서뿐만 아니라 남북관계와 대외관계 등 총체적으로 정치이념적 양극화 현상이 발생하였다.

1) 정치이념적 갈등 양상의 특징

한국 사회의 정치이념적 갈등의 양상은 복합적이면서 동시에 중층적인 특징을 보인다. 예를 들어, 대북정책을 둘러싼 남남갈등은 북한을 바라보는 관점의 차이가 대내적으로는 경쟁집단(정치, 지역, 언론 등)간의 길항관계와 연계되어 있으며, 대외적으로는 대중국 정책과 대미국 정책에 대한 태도와 연계되어 있다.[13] 또한 사회적 갈등은 때로는 대내적 이슈보다 대외적 이슈에 더 갈등과 대립의 양상이 뚜렷하게 나타나기도 하고, 때로는 경제적 이슈보다 사회문화 또는 안보 이슈에서 갈등이 첨예하게 나타나기도 한다.

강원택(2014)의 최근 연구결과에 의하면, 객관적 조건(직업, 가구소

13) 김왕배, “양극화와 담론의 정치: 정부와 신문미디어의 보도를 중심으로,” 『언론과사회』 제17권 제3호, (2009).

득, 주택소유, 교육수준 등)으로 분류한 계층과 주관적 귀속의식으로 분류한 계층 간 정책적, 이념적 태도를 측정해본 결과, 한국 국민은 경제적 문제에 대해서는 객관적 · 주관적 계층 간 이념적 갈등이 크지 않았으나, 사회문화적 문제와 안보 · 반공 문제에서는 객관적 계층 분류보다는 주관적 계층의식에 따른 이념적 갈등이 뚜렷하게 나타났다.[14) 즉, 상층의 진보성과 중층 및 하층의 보수성으로 뚜렷하게 구분되었다. 강원택의 연구는 경제적 지위와 정치이념적 성향 간에 밀접한 상관관계가 있음을 시사한다.

또 다른 연구에서는 대내적 문제보다 대외적 문제에서 정치이념적 대립이 더 뚜렷하게 나타난다는 주장을 제기하고 있다. 이내영(2011)의 연구에 의하면, 한미관계와 대북정책에서는 한국 국민들의 이념 대립이나 갈등이 매우 뚜렷한 반면에, 한미FTA협정, 복지예산 확충을 위한 증세, 부동산 정책 등 경제적 이슈에 대해서는 뚜렷한 차이가 없거나 상대적으로 갈등의 정도가 심하지 않았다.[15)]

2) 남남갈등의 특징과 프레임의 변화

남남갈등은 남북관계를 둘러싼 남한 사회의 내부 갈등을 지칭하는 개념으로 한국 사회에서 중요한 사회적 균열의 축으로 자리잡고 있다. 남남갈등이라는 용어가 처음 신문에 등장한 것은 1997년 8월 2일자 한겨레신문에서였으나, 남남갈등이 우리 사회의 주요한 문제로 대두된 시기는 2000년 6월 남북정상회담 개최 직후로 보는 것이 일반적 견해이다. 남남갈등이 증폭되는 것은 뿌리 깊은 반공주의와 냉전 문화, 지

14) 강원택 외, 『당신은 중산층입니까』(파주: 21세기북스, 2014).
15) 이내영, "한국사회 이념갈등의 원인," 『한국정당학회보』 제10권 제2호, (2011).

역주의, 이념 분화 등의 구조적 요인들에 기인하는 동시에, 대북정책을 추진해 나가는 과정에서 나타난 행태들(절차적 불투명성, 특정 집단의 우선 또는 배제, 특정 의제의 배제 등)로 인해 정당성을 획득하지 못해 증폭되는 경우도 흔하게 나타난다.

남남갈등은 지역갈등, 이념갈등, 계급갈등, 세대갈등 등 현실적인 사회갈등의 원천으로, 다른 내적 갈등과 복합적 · 중층적으로 연계되어 변화하면서 나타난다. 특히, 다른 유형의 사회갈등은 다양한 이해집단들이 복잡하게 경쟁하는 반면에 상대적으로 남남갈등은 이분법적 구조를 가지고 있기 때문에 표출 효과가 상대적으로 파괴적이라는 특성을 가진다.

또한 시대에 따라 갈등의 프레임 역시 변화하고 있다. 한국 사회의 갈등구조가 과거 권위주의 정부 시절에는 국가 대 시민사회 프레임에서 민주화 이후에는 진보 대 보수의 프레임으로 변화했듯이, 남남갈등의 프레임 역시 2000년대 초기에는 '대북포용'(또는 교류협력) 대 '대북퍼주기'였다면, 천안함 사건과 연평도 사건이 발생한 2010년 이후에는 '종북' 대 '반북'으로 변하고 있다. 특히, 2012년 대통령선거가 있던 해에 급부상한 종북프레임은 보수정부의 정권재집권을 성공시킨 주요 요인으로 작용하였으며, 여전히 위기의 국면에서 보수층을 결집시키는 강력한 영향력을 유지하고 있다. 종북담론이 사실에 기반을 둔 객관성과는 거리가 먼 정치적으로 재구성된 산물이라는 주장도 있지만,[16] 종북프레임의 대중화 현상이 단지 북한 혹은 북한을 추종하는 이들에 대한 반감의 문제가 아니라 사람들이 사회 속에서 느끼는 불안

16) 이병욱, 김성해, "담론복합체, 정치적 자본, 그리고 위기의 민주주의: 종북(從北)담론의 텍스트 구조와 권력 재창출 메커니즘의 탐색적 연구," 『미디어, 젠더 & 문화』 제28호, (2013).

과 공포심이 반영된 것이라는 해석에 주목할 필요가 있다.[17] 다시 말해서, 우리 사회의 남남갈등 또한 사회 양극화와 무관하지 않음을 말해준다. 요즘 젊은 세대에서 통일의 무관심과 북한에 대한 적대적 감정이 증가하는 현상 역시 취업의 어려움을 겪고 있는 우리 청년세대들의 불안과 공포심이 투영된 결과라 할 수 있다.

Ⅲ. 북한 사회의 양극화

1. 경제사회적 양극화의 특징과 양상

울리히 벡은 불평등의 패러다임들은 모두 일정한 근대화 시기와 체계적으로 관련되어 있으며, 오늘날 많은 제3세계가 그러하듯이 결핍(scarcity)의 독재가 사람들의 사고와 행위를 지배하는 한 사회적으로 생산된 부와 함께 그와 연관된 갈등의 분배가 전면에 떠오르게 된다고 지적한 바 있다.[18]북한 사회 역시 1990년대 중반 이후 배급제의 와해로 평균주의적 생활양식이 사라지고, 시장화의 진전으로 인한 계층 분화가 빠르게 진행되면서 그 결과 경제사회적 불평등이 심화되고 있다.

북한 주민의 생활은 사회주의 계획경제가 정상적으로 작동하던 시기, 즉 경제위기 이전부터 이미 제도적 불평등이 존재하였다. 출신성분, 직종과 직위, 연령과 성별 등에 따라 식량, 의복, 주택이 모두 차등적으로 지급되었다. 하지만 경제사회적 불평등이 심각한 수준은 아니

17) 김진혁, "종북프레임 이면에 공포와 불안이 있다," 『기자협회보』, 2014년 3월 3일. (http://www.journalist.or.kr/news/article.html?no=33030).

18) 울리히 벡, 『위험사회: 새로운 근대(성)을 향하여』, p.53.

었다. 그러나 1990년대 경제위기 이후 생산부문에서의 시장경제적 원리의 도입과 시장 참여여부 등에 따라 같은 직종과 같은 직위의 종사자들이라도 상이한 생활을 하게 되었다.[19]

2000년대 이후 북한당국이 경제위기를 타개하기 위해 내온 여러 경제 관리 개선 조치들인 '7.1' 경제관리 개선조치, '6.28' 방침, '5.30' 조치 등은 모두 일관되게 '평등'의 가치보다 '경쟁'과 '효율성(수익성)'의 가치를 우선시하는 경제정책들로, 결과적으로 사회주의체제에서의 불평등을 용인하는 것임과 다름없다.

1990년대 경제위기 이후 시장화는 불평등을 더욱 가속화시켜 빈익빈 부익부의 양극화 현상으로 심화되고 있다. 더욱이 전 사회적으로 만연한 부패현상은 일반 주민들의 생활을 더욱 피폐하게 만들고 생존을 위해 북한 주민들은 비공식 영역에 더욱 의존하는 경제적 악순환이 반복되고 있다.

더욱이, 경제사회적 불평등은 개인적 수준의 불평등을 넘어 계층과 지역 차원의 불평등으로 확산되고 있다. 1990년대 중후반 시기에 식량부족과 경제위기가 북한의 거의 전 지역 및 계층에 걸쳐 매우 균등하게 나타났다면, 2000년대 이후부터는 지역별, 계층별 양극화 현상이 뚜렷하게 나타나고 있다.

1) 소득 불평등

북한 주민의 소득에 대한 객관적인 데이터가 존재하지 않기 때문에

19) 황규성, 이재경(2014)의 최근 연구에 의하면, 북한 사회에는 시장의 등장에 따라 개인적 경험과 능력에 따라 시장숙련 형성이 이루어지면서 그 결과 시장 내의 불평등이 심화되고 있으며 사회경제적 재계층화가 진행되고 있다. 황규성 · 이재경, "북한의 시장화와 숙련불평등," 『북한연구학회보』 제18권 제1호, (2014).

북한 사회의 소득계층은 대체로 탈북자들의 증언을 토대로 추정되고 있다. 북한 사회에서 소득 계층화는 대체로 2005년 전후로 확연하게 나타나기 시작한 것으로 보인다. 조정아 외(2008)의 연구에 의하면, 2005년 이후의 상황을 기준으로 계층 분포는 대도시 지역의 경우 상층 5~15%, 중간층 30~40%, 하층 50~60% 정도, 농촌 지역에서는 상층은 극소수이고, 중간층 20~30%, 하층 70~80%로 추정되었다.[20] 김수암 외(2011)의 연구에서는 상류층은 전체 인구의 10%, 중류층은 30~40%, 하류층은 50% 정도를 차지하는 것으로 추정되었다.[21] 장용석 외(2015)의 연구에서는 북한이탈주민을 대상으로 한 3년간의 설문조사의 통합데이터를 토대로 비공식 월소득을 기준으로 상층은 북한돈 100만 원 이상으로 약 12%, 중층은 10만 원 이상~100만 원 미만으로 약 48%, 하층은 10만 원 미만의 소득집단으로 약 40%를 구성하는 것으로 나타났다.

이 밖에도 성채기 외(2014)의 연구에서는 북한의 계층별 1인당 GDP의 추계를 토대로 상위 20% 인구의 1인당 소득은 5,001달러, 중간 50% 인구의 소득은 816달러, 하위 20% 인구의 소득은 314달러 수준임을 제기하기도 했다. 동 연구는 시기별 북한의 지니계수가 1980년대에는 사회주의 평균 수준인 0.27, 1990년대 경제난을 거치면서 급속히 소득불평등이 악화되어 1990년대 말에는 0.49, 2000년대 최근에는 0.5 내외 수준으로 나타나 소득 불평등의 수준이 매우 높다고 분석하기도 하였다.[22] 서울대 통일평화연구원이 설문조사를 토대로 추정한 북한 주민의 상대적 빈곤율은 29.4% 수준으로 남한의 14.4%과 비교했을 때 매우

20) 조정아 외, 『북한 주민의 일상생활』 (서울: 통일연구원, 2008), p.266.
21) 김수암 외, 『북한주민의 삶의 질: 실태와 인식』 (서울: 통일연구원, 2011), pp.101~102.
22) 성채기 외, 『북한 경제규모의 대안적 추계와 불평등의 실상』 (서울: 한국국방연구원, 2014).

높은 수준임을 짐작할 수 있다.[23)]

북한 사회의 계층분화는 의식주 생활과 같은 객관적 조건에서 양극화의 현상이 나타나고 있는 것과 달리 주관적 계층의식에서는 중간층의 구성이 늘어나고 있다는 것이 특징이다. 서울대학교 통일평화연구원이 2012년부터 탈북 후 경과기간이 1년 미만인 북한이탈주민들을 대상으로 매년 실시하는 '북한사회변동조사'에서 시기별 자신이 중간층에 속했다는 응답이 시간이 지날수록 증가하는 현상이 공통적으로 나타났다. 구체적으로 2013년 조사에서 중간층에 속했다고 응답한 비율은 1994년~1999년 43.5%, 2000년~2004년 52.5%, 2005년~2010년 65.9%, 2011년~2012년 69.7%로 계속 증가하였으며, 2014년 조사에서도 마찬가지로 중간층에 속했다는 응답률이 1994년~1999년 46%, 2000년~2004년 52.1%, 2005년~2010년 60.8%, 2011년~2013년 62.6%로 계속 증가하였다.[24)]

한편 소득 불평등이 개인적 차원을 넘어 지역적 차원으로 확대되고 있다. 시장이 발달하거나, 자본과 상품의 유입이 많은 곳이거나, 중국과 러시아와의 접경지역 등에 부(富)가 집중되고 있으며, 더욱이 지역별 부의 편중이 고착되고 있다.[25)]

23) 장용석, "시장화와 소득 · 세대 · 지역 분화,"『2015 북한 사회변동과 주민의식 변화: 시장화, 정보화, 자유화』 서울대 통일평화연구원 학술회의 자료집, (2015년 8월 26일), p.35.

24) 박명규 외,『북한사회변동 2012-2013』(서울: 서울대학교 통일평화연구원, 2014), p.123; 장용석 외,『북한사회변동 2014』(서울: 서울대학교 통일평화연구원, 2015), p.127.

25) 서울대학교 통일평화연구원의 2012년~2014년 '북한사회변동조사'의 결과에 의하면, 3년 연속 가장 잘 사는 도 1순위에 평안남도, 중간 정도 사는 도 1순위에 양강도, 가장 못 사는 도 1순위에 강원도가 꼽혔다. 또한 시 단위로는 가장 잘 사는 시 1순위에 라선시(2012년, 2013년), 신의주시(2014년), 가장 못 사는 시 1순위에 3년 연속 사리원시가 꼽혔다. 가장 못사는 시로 3년 연속 사리원시가 꼽혔다는 것은 실제로 사리원시가 북한에서 가장 못사는 도시라는 것이 아니라 설문지의 선택지가 각 행정구역의 도 소재지 또는 특구 지역 등을 중심으로 제시된 한계성과 더불어 공업 및 상업이 발달된 도시에 비해 농업이 발달된 도시가 상대적으로 못사는 것으로 인

2) 의식주 생활의 불평등

의식주 생활은 그 사회에서 개인이 동원할 수 있는 모든 자원들(정치, 경제, 사회적 자원을 포함)이 결합된 복합체로서 그 개인이 사회에서 차지하고 있는 위치를 보여주는 지표로서, 한 사회의 의식주 생활의 변화는 보다 더 거대한 사회경제적 구조의 변화와 관련되어 있다.[26) 1990년대 경제위기가 발생하기 이전에 북한 주민의 의식주 생활은 철저하게 국가와 계획에 의해 통제되는 영역이었다면, 경제위기 이후에는 개인의 능력과 더불어 국가와 계획 밖의 다양한 요소들에 의해 차등화되는 영역이 되었다. 다시 말해서, 21세기 북한 주민의 의식주 생활은 시장화, 소득 및 계층의 분화, 사회관계망, 부패, 사유화 등과 같은 사회구조 전반의 변화와 밀접히 연결되어 있다. 국내에서는 2000년대 후반 이후부터 북한 주민의 의식주 생활의 변화를 주목하는 연구들이 속속 나오고 있다.[27)]

북한 주민의 의식주 생활은 소득계층에 따라 매우 큰 격차를 보인다. 식생활에서는 소득수준에 따라 쌀밥과 강냉이의 혼합율, 고기 섭취 빈도, 그리고 기호식품의 소비가 좌우된다. 의복은 소득계층에 따라 새옷과 중고옷, 원산지(중국산, 남한산, 일본산 등) 등이 달라진다. 주거 생활의 경우는 소득계층에 따라 취사 및 난방의 연료의 차이와

식되고 있음을 의미한다. 장용석 · 정은미 · 박명규 저, 『북한사회변동 2014: 시장화, 불평등, 경제개혁』 (서울: 서울대학교 통일평화연구원, 2015), pp.65~66.

26) 장용석, 정은미, 박명규 저, 『북한사회변동 2014: 시장화, 불평등, 경제개혁』, pp.30~31.

27) 대표적인 연구들로 조정아 외, 『북한 주민의 일상생활』 (서울: 통일연구원, 2008); 김수암 외, 『북한주민의 삶의 질』 (서울: 통일연구원, 2011); 박영자, "체제변동기 북한의 계층 · 세대 · 지역 균열," 『한국정치학회보』 제46집 제5호, (2012); 장용석 외, 『북한사회변동 2014: 시장화, 불평등, 경제개혁』 (서울: 서울대학교 통일평화연구원, 2015) 등이 있다.

가전제품의 보유와 사용여부 등에 차이가 생긴다. 이 밖에도 외식이나 여가생활 등에서도 소득계층에 따라 큰 격차가 나타나고 있다.[28)]

더욱이 최근에는 소득계층에 따른 의식주 생활에서의 양극화가 심화되고 있는 것으로 파악되고 있다. 서울대학교 통일평화연구원이 2012년~2014년에 실시한 '북한사회변동조사'의 결과에 의하면, 3년 동안 계층 간 식생활 양극화 현상이 크게 증가한 것으로 나타났다. 구체적으로, 입쌀로만 식사한 응답자 중 상층과 하층 간 격차가 2012년 61.4%p에서 2014년 93.3%p로 크게 증가하였다.[29)] 또한 최근에는 소비재의 원산지나 구매처가 다변화되고 계층화가 나타나고 있다. 소득수준이 높은 북한 주민의 경우 북한산보다는 상대적으로 값이 비싸나 제품 질이 좋은 남한산이나 일본산 등을 소비하는 경향이 늘어나고 있으며, 구매처도 시장(장마당) 외에 백화점이나 해외에서 직접 구입하는 비중이 점차 늘어나고 있다. 주택의 경우 역시 상층일수록 아파트와 단독주택에 거주하는 비율이 상대적으로 높고, 하층일수록 연립주택에 거주하는 비율이 매우 높은 것으로 나타나고 있다.[30)]

의식주 생활의 격차는 개인의 소득 수준에 의해서뿐만 아니라 지역적 수준에서 더 뚜렷하게 나타난다. 2008년 유엔 북한인구센서스 보고서에 의하면, 북한의 주택 유형은 지역적 격차, 특히 도-농 간 격차가 큰 것으로 나타나고 있다. 특히 아파트의 경우 보급률이 도시에서는

28) 영국 파이낸셜타임스(FT)는 2014년 9월 2일 평양 르포기사에서 문수 놀이장을 소개하며 입장료는 2만 원, 이곳에서 판매하는 햄버거 가격이 1만 원에 달하며, 물놀이장에는 안마실, 자외선치료실 등 각종 편의시설과 서양요리를 즐길 수 있는 고급식당도 갖춰져 있다고 밝혔다. 또한 FT는 평양 시내 곳곳에서 폴크스바겐, BMW, 벤츠 등 고급 외제차를 어렵지 않게 볼 수 있다고 전했다.

29) 장용석 외, 『북한사회변동 2014: 시장화, 불평등, 경제개혁』, p.71.

30) 정은미, "주민생활과 정보화," 『2015 북한 사회변동과 주민의식 변화: 시장화, 정보화, 자유화』 서울대학교 통일평화연구원 학술회의 자료집, (2015년 8월 26일), pp.72~73.

32.5%인 반면에 농촌에서는 4.2% 수준에 그쳐 그 차이를 극명하게 보여준다.[31] 또한 동 보고서에 따르면, 주택 인프라 경우에도 도-농 간의 격차가 매우 큰 것으로 나타난다. 예를 들어, 수세식 화장실의 보급률은 평양시의 경우 76.1%인데 반해, 농촌과 지방도시의 경우는 눈에 띄게 감소하여 황해남도의 경우는 55.1% 수준에 그친다.[32]

3) 교육과 의료보건의 불평등

북한당국이 사회주의제도의 우월성을 선전할 때마다 근거로 제시하고 있는 것이 무료교육과 무상의료이다. 하지만 프로파간다와 현실 간의 괴리는 너무나 크다. 수많은 탈북자들과 방북자들의 증언에 의하면 북한 사회에서 교육과 의료 부문의 불평등은 매우 심각한 수준이다.

2012년 10월에 북한의 최고인민회의는 무료 의무교육을 11년에서 12년으로 1년 연장하는 조치를 발표했으나, 경제위기로 인해 무료 교육은 실질적으로 실행되지 못하고 있으며, 학부모에게 경제적 부담이 전가되고 있는 실정이다. 학용품 구입은 물론 학교에 필요한 기자재 구입부터 난방에 필요한 연료 구입에 필요한 자금을 학부모들에게 부담을 지우는 현상이 비일비재하게 일어나고 있다. 더욱이 소득 불평등이 교육의 기회 불평등으로까지 확대되고 있다. 자녀를 좋은 학교나 인기 있는 전공학과에 진학시키기 위해 뇌물을 받치거나 사교육을 시키는 일은 더 이상 북한에서 낯선 풍경이 아니다. 서울대 통일평화연구원이 탈북 경과기간이 1년 정도밖에 되지 않은 북한이탈주민들을 대상으로 실시한 설문조사에 의하면, 북한에 거주할 당시 자녀에게 사교육을 시

31) Central Bureau of Statistics of DPRK, *DPRK Korea 2008 Population Census: National Report* (2009), p.230.

32) 김두섭 외, 『북한 인구와 인구센서스』 (통계청, 2011), p.244.

킨 경험이 있다는 응답률이 2014년 20.4%, 2015년 27.7%로 나타났다. 또한 가계소득의 지출 가운에 자녀 교육비 비중이 10.6%로 2014년 기준 남한의 가계 교육비 비중 11.4%와 거의 비슷한 수준인 것으로 나타났다.[33]

의료부문 역시 공식적으로는 무상치료제도를 유지하고 있으나 경제위기로 인해 무상의료는 실질적으로 시행되지 않고 있다. 현재 무상의료서비스는 진단과 수술, 입원에 따른 병실 비용 등으로 제한되어 실시되고 있다. 이 무상서비스마저도 신속하게 이용하기 위해서 환자의 뇌물 공여가 만연해 있다. 질병에 쓰이는 의약품 구입은 거의 전적으로 환자의 사적 부담으로 이뤄진다. 뿐만 아니라 입원시 식사나 난방조차 환자가 부담해야 하는 처지에 있다. 이처럼 의료부문의 사적 부담은 일상화되어 있다. 결과적으로 소득 불평등은 교육 불평등, 건강 불평등과 밀접히 연계된다.

4) 정보통신의 불평등

미래학자 앨빈 토플러가 말한 제3의 물결인 정보화는 세계에서 가장 폐쇄된 국가인 북한조차도 비껴가지 않고 기층사회 깊숙이 침투하고 있다. 평양에서 핸드폰을 들고 거리를 걷거나 젊은이들이 이어폰을 끼고 MP3를 이용한다거나 도서관은 물론 가정에서 컴퓨터를 사용하는 것이 낯선 일이 아니다.

이집트 이동통신사인 오라스콤(Orascom)과 북한 조선체신회사의 합작 형태로 운영되고 있는 고려링크를 이용하고 있는 휴대전화 가입자

33) 정은미, “주민생활과 정보화,” 『2015 북한 사회변동과 주민의식 변화: 시장화, 정보화, 자유화』, p.77.

수는 출시 첫 해인 2008년에 1,694명에 그쳤으나, 2009년 말에는 91,000명, 2012년 2월에는 100만 명, 2013년 5월에는 200만 명까지 증가한 것으로 알려지고 있으며, 평양을 포함한 15개 주요 도시와 86개의 작은 도시까지 이동통신 서비스가 가능하게 되었다.[34][35] 이동통신 서비스가 전국적으로 보급되면서 북한 사회에서 휴대전화는 부와 권력의 상징이자 과시소비의 대상이 되었다. 남한 사회와 마찬가지로 북한 사회에서도 소득 불평등과 더불어 정보화의 불평등 구조가 동시에 발생하고 있다. 일례로, 서울대학교 통일평화연구원이 북한이탈주민을 대상으로 실시한 설문조사의 결과에 의하면, 평양에 거주했던 응답자들의 경우 집전화, 손전화, 컴퓨터 등을 모두 보유하고 있었던 반면에, 황해도에 거주했던 응답자들은 정보통신기기의 보유 및 이용률이 매우 낮게 나타났다.

북한 사회에서 정보화는 매우 불균등하게 진행되고 있다. 소득과 지역의 차이뿐만 아니라 정보통신기기의 종류에 따른 보급률의 격차도 크다. 예를 들어, 녹화기, DVD플레이어, 노트텔과 같은 영상기기의 보급률은 상대적으로 높은 반면에, 컴퓨터의 보급률이 매우 낮다. 영상기기의 보급률이 높은 것은 북한 사회의 한류 확산과 무관하지 않다. 반면에 컴퓨터의 낮은 보급률은 사이버 의사소통 발달의 장애요소가 되고 있다.[36]

---

34) Yonho-Kim, "Cell Phones in North Korea: Has North Korea Entered the Telecommunications Revolution?," The US-Korea Institute at the Paul H. Nitze School of Advanced International Studies, Johns Hopkins University, 2014, pp.14~15.

35) 서울대학교 통일평화연구원이 발표한 설문조사의 결과에 의하면, 전체 응답자 146명 중에서 북한에 거주할 당시 손전화(핸드폰)를 소유하여 이용한 적이 있다고 응답한 비율이 55.5%로 위의 존홉킨스대학의 연구보고서에서 제시한 수치보다 실질적인 이용률이 훨씬 높음을 짐작케 한다. 정은미, "주민생활과 정보화," 『2015 북한 사회변동과 주민의식 변화: 시장화, 정보화, 자유화』, p.79.

북한에서 정보화가 진전됨에 따라 정보통신에 기반한 사회 안의 의사소통이 증가하는 것은 사실이지만, 그렇다고 소셜미디어에 의해 촉발된 중동과 북아프리카에서의 반정부 · 민주화 시위인 '재스민 혁명'이 북한 사회에서도 일어날 가능성을 예상하는 것은 시기상조이다. 오히려 북한당국에서는 정보통신의 기술이 이데올로기화를 위한 새로운 수단으로 부상하고 있다. 예를 들어, 문자서비스가 당의 정책을 선전하거나 최고지도자의 현지시찰 내용 등을 전달하는 용도로도 사용되기도 한다.[37]

Ⅳ. 양극화를 넘어 통합을 향하여

독일 통일 25주년을 맞아 최근 한국 사회에서 독일통일의 경험이 다시 크게 주목받고 있다. 독일통일의 사례가 한반도에 주는 함의는 매우 크지만 한국 사회에서는 통일비용이나 통일편익과 같은 경제주의적 사고에 입각한 통일준비 담론이 되풀이되고 있는 현실이다. 오히려 우리는 베를린 장벽이 무너지고 1년여라는 짧은 시기에 수십 년 동안 서로 다른 이념과 가치규범 체계 속에서 살아왔던 동 · 서독인들이 평화적으로 통합을 이뤄낼 수 있었던 요소는 무엇이었는가에 더 주목해

36) 정은미, "주민생활과 정보화," 『2015 북한 사회변동과 주민의식 변화: 시장화, 정보화, 자유화』, 서울대학교 통일평화연구원 학술회의 자료집, p.79. 2014년에 탈북한 북한이탈주민들 146명 가운데 내부 인터넷망인 인트라넷을 이용한 경험이 있다고 응답한 비율은 10.3%에 불과했고, 이용한 장소는 대체로 도서관, 학교, 직장과 같은 공공기관이라고 응답했다.

37) Yonho-Kim, "Cell Phones in North Korea: Has North Korea Entered the Telecommunications Revolution?," p.19.

야 하지 않을까?

남북한 간 대화와 교류협력이 본격적으로 시작된 지 20여년이 지났으나 그 이후 한국 사회는 오히려 남남갈등이 증가하고 있으며 갈등이 발현되는 방식은 더욱 폭력적인 모습을 띠고 있다. 최근 세월호 사건이 잘 보여주고 있듯이 우리 사회 안에서 이견(異見) 그룹들 간의 소통이 매우 폭력적인 방식으로 진행되고 있다. 이러한 한국 사회의 현실 속에서 독일과 같이 예측하지 못한 시기에 통일의 순간이 닥쳤을 때 한국 사회가 통일의 국면을 평화적 방법으로 감당할 수 있는가에 대해 심각한 문제의식을 느껴야 할 것이다. 한국 사회의 초고속 개발성장은 한편으로 한국인들에게 물질적 풍요를 안겨줬지만 다른 한편으로는 한국인들의 지성과 문화의 성숙을 도외시함으로써 심각한 불균형 성장을 초래하게 되었다. 지그문트 바우만이 "현재 심화되고 있는 불평등의 일차적 피해자는 민주주의가 될 것이다"[38]라고 한 경고는 어쩌면 우리 한국 사회에 딱 들어맞는 것일지 모른다. 사회주의 공동체적 가치나 미덕이 사라진 자리에 배금사상과 물질만능주의가 채워지고 양극화 현상이 빠르게 진행되고 있는 북한 사회에서 민주주의는 더욱 요원한 것일지 모른다.

최근 전 세계에 열풍을 일으키고 있는 토마 피케티(Thomas Piketty)는 현재의 자본주의를 그대로 내버려두면 "민주사회와 그 사회의 기반이 되는 사회정의의 가치에 대한 잠재적 위협이 될 강력한 양극화의 힘을 지니고 있다"[39]고 주장했다. 남북한 사회 모두에서 나타나고 있는 양극화의 심화는 미래의 통일에 심각한 장애요소이다. 국민 개개인

38) 지그문트 바우만 지음, 안규남 옮김, 『왜 우리는 불평등을 감수하는가』, p.11.
39) 토마 피케티, 장경덕 외 옮김, 『21세기 자본』 (파주: 글항아리, 2014), p.689.

들은 자신의 생계를 유지하느라 통일과 같은 민족적 과제에 관심을 쏟을 여력이 없다. 또한 양극화는 일관된 통일정책 및 대북정책의 수립과 추진을 어렵게 할 뿐만 아니라 남남갈등과 연계되어 분단비용을 증가시킨다. 나아가 양극화는 통일 후 사회통합을 이끌어갈 사회적 역량 축적을 어렵게 한다. 더욱이 남한 사회에서 심화되고 있는 양극화 문제를 해소하지 못한 상황에서 직면하는 통일은 기존에 존재하는 양극화 문제를 더 심화시킬 수 있다.

탈냉전 이후 체제전환국의 경험을 보면 소득 불평등도가 양호할수록 순조로운 체제전환과 연착륙이 가능했다는 점을 고려하면 북한 사회에서 심화되고 있는 소득 불평등은 통일 이후에 심각한 사회통합의 난제가 될 것으로 예상된다. 점진적 통일의 전제조건으로 북한의 체제개방 또는 체제전환의 필요성을 당위적으로 주장하고 있지만, 그 결과로서 초래될 북한 사회의 불평등 문제를 통일 이후의 사회통합의 관점에서 어떻게 다루고 해결해 나갈 것인가의 수준까지 사고가 확장되어야 한다. 북한 사회에서 진행되고 있는 계층 분화와 생활양식의 다양성에 대한 충분한 고려 없이 북한 주민을 획일적이거나 단일적인 존재로 전제하고 통합의 대상으로 설정했을 때 통일 이후 사회통합은 더욱 어려워질 수 있다.

남북한 사회 내부적으로 심화되는 양극화 현상도 문제이지만, 남한과 북한 간에 나타나는 사회문화적 양극화 문제도 심각한 상황이다. 남한은 다문화·다종족 사회로 전환되고 있는 반면에 북한은 여전히 혈통 중심의 민족적 단일성을 강조하고 있다. '민족공동체 통일방안'이 과연 빠르게 변모하고 있는 다문화 사회의 다양성을 얼마나 포괄할 수 있는가가 새로운 도전과제가 될 것이다.

마지막으로 반드시 성찰해야만 하는 것은 21세기 들어서 남북한 주민들이 공유하는 상호 문화에 대한 폭력성이다. 2000년 6월 최초의 남북정상회담이 성사된 이후 남북한 간에 여러 다방면의 교류협력이 이루어지면서 남북한 사회에서는 문화적 상호 침투와 소비가 매우 빠르게 이뤄지고 있다. 남한의 문화는 '한류'를 통해 북한 사회에 스며들고 있다면, 북한의 문화가 한국 사회에 유입되는데 가장 결정적인 역할을 하는 것은 2000년 이후 급증한 북한이탈주민이라고 할 수 있다.

그러나 남북한 사회에서 각각 이뤄지고 있는 문화 소비는 상당한 폭력성을 내재하고 있다. 북한 사회에서 남한문화는 '불법'과 '검열'이라는 폭력적 규범체계 속에서 불안정하게 향유되고 있다면, 남한 사회에서의 북한문화는 영향력 있는 특정 미디어매체들을 통해 편향적이고 선정적인 소재를 중심으로 끊임없이 재생산되고 유통됨으로써 북한문화의 '기괴함'이 부각되거나 희화화되고 있는 경향이 뚜렷하며 그 결과 북한문화를 '열등문화'로 인식하게 하고 있다. 최근에는 일부 탈북단체들은 북한지역으로 띄우는 대북전단지 풍선 속에 북한지도자를 풍자하는 영화를 담은 DVD나 한국 사회에서 유행하는 드라마들을 담은 DVD들을 의도적으로 넣기도 한다. 이런 행위들의 목적에 대한 가치판단을 떠나 남북한 간에 문화적 소통의 방식이 얼마나 폭력적인가를 성찰해볼 필요가 있다. 남북한 간의 이질성은 분단 70년의 세월이 낳은 자연스러운 결과이자 감내해야 할 대가이다. '강제적' 동질성보다는 이질성을 포용하고 공생공락의 즐거움을 찾는 것이 가장 '평화적인' 분단 극복이자 통일로 가는 길일 것이다. 울리히 벡이 사회가 실제로 진화하려면 근대화는 반드시 성찰적(reflexive)이어야만 한다고 주장했던 것처럼, 분단 70년의 역사를 성찰하지 않고서는 우리는 어쩌면 평화로운 통일 한반도의 미래를 향해 한 발짝도 전진하지 못할지도 모른다.

참고문헌

강원택 외. 『당신은 중산층입니까』 (파주: 21세기북스, 2014).

김수암 외. 『북한주민의 삶의 질: 실태와 인식』 (서울: 통일연구원, 2011).

김세직. “경제성장과 교육의 공정경쟁.” 서울대 경제연구소 『경제논집』 7월호, (2014).

김왕배. “양극화와 담론의 정치: 정부와 신문미디어의 보도를 중심으로.” 『언론과사회』 제17권 제3호, (2009).

김진혁. “종북프레임 이면에 공포와 불안이 있다.” 『기자협회보』 (http://www.journalist.or.kr/news/article.html?no=33030), (2014. 3. 3).

민승규 외. 『소득양극화의 현황과 원인』 (서울: 삼성경제연구소, 2006).

박명규 외. 『북한사회변동 2012-2013』 (서울: 서울대학교 통일평화연구원, 2014).

성채기 외. 『북한 경제규모의 대안적 추계와 불평등의 실상』 (서울: 한국국방연구원, 2014).

송순영, 이성림. “소비부문 사회양극화 현상과 대책 방향.” 한국소비자원. 정책연구보고서 12월호, (2008).

울리히 벡 지음, 홍성태 옮김. 『위험사회: 새로운 근대 (성)을 향하여』 (서울: 새물결, 2006).

이내영. “한국사회 이념갈등의 원인.” 『한국정당학회보』 제10권 제2호, (2011).

이병욱, 김성해. “담론복합체, 정치적 자본, 그리고 위기의 민주주의: 종북(從北) 담론의 텍스트 구조와 권력 재창출 메커니즘의 탐색적 연구.” 『미디어, 젠더 & 문화』 제28호, (2013).

이준협. “현안과 과제: 계층상승 사다리에 대한 국민인식 설문조사.”(15-29호) (서울: 현대경제연구원, 2015).

장경섭. “세계의 한국화?: 반영 (反映)적 지구화 시대의 압축적 근대성.” 한국사회학회 사회학대회 논문집, (2010).

장용석. “시장화와 소득 · 세대 · 지역 분화.”『2015 북한 사회변동과 주민의식 변화: 시장화, 정보화 자유화』 서울대 통일평화연구원 학술회의 자료집, (2015).

장용석, 정은미, 박명규 저.『북한사회변동 2014: 시장화, 불평등, 경제개혁』(서울: 서울대학교 통일평화연구원, 2015).

정은미. “주민생활과 정보화.”『2015 북한 사회변동과 주민의식 변화: 시장화, 정보화, 자유화』 서울대학교 통일평화연구원 학술회의 자료집, (2015).

조정아 외.『북한 주민의 일상생활』(서울: 통일연구원, 2008).

지그문트 바우만 지음, 안규남 옮김.『왜 우리는 불평등을 감수하는가』(파주: 동녘, 2014).

토마 피케티, 장경덕 외 옮김.『21세기 자본』(파주: 글항아리, 2014).

황규성, 이재경. “북한의 시장화와 숙련불평등.”『북한연구학회보』 제18권 제1호, (2014).

OECD. *In It Together: Why Less Inequality Benefits All*. (OECD, 2015).

Daives, James B., Susanna Sandström, Anthony Shorrocks and Edward N. Wolff. “The World Distribution of Household Wealth.” *Discussion Paper* No. 2008/03, World Institute for Development Economics Research, United Nations University, Feb, (2008).

전환기의 북한이탈주민과 사회통합

윤 인 진

고려대학교 사회학과 교수

전환기의 북한이탈주민과 사회통합

Ⅰ. 서론

북한이탈주민이 한국으로 본격적으로 입국하여 정착하기 시작한 것은 1990년대 중반 이후부터이다. 1990년대 중반 북한의 식량난을 피해 탈북하는 북한 주민들이 증가하면서 이들 중에서 한국으로 입국하는 수는 2000년대 내내 매년 빠르게 증가했다. 2010년 이후 증가속도는 주춤해졌지만 그래도 매년 1,500~2,000명이 지속적으로 입국하고 있고 2015년 4월까지 2만 8천여 명이 입국한 것으로 집계되었다.

2015년은 북한이탈주민이 한국 사회에 본격적으로 정착하기 시작한 지 20년을 맞는 해이다. 그간 한국정부와 시민사회, 그리고 일반국민은 북한이탈주민을 동포애로서 수용해왔고 이들의 성공적인 사회적응을 위해 관대한 지원을 해왔다. 하지만 이러한 지원에도 불구하고 북한이탈주민의 대다수는 사회적응에 어려움을 겪고 있고, 외국으로 재

이주하거나 심지어 북한으로 재입국하는 사태도 발생하고 있다. 더욱이 북한이탈주민에 대한 정부 지원이 선주민 중 저소득층과 소외계층에 비해 과도하다는 비판여론이 커져가고 있고,[1] 기초생계비 지원과 같은 정착지원제도가 오히려 복지의존성을 심화시켜 자립정착을 방해한다는 지적도 제기되고 있다.[2] 따라서 이제는 환경변화에 대응하여 북한이탈주민과 한국 사회와의 관계를 새롭게 정립하고 그에 따라 정부 정책도 변화해야 하는 전환기에 놓여 있다고 할 수 있다.

북한이탈주민이 한국 사회에서 '특별한 사람'으로 대우받아 온 것은 남북한 체제경쟁의 산물이지만 동시에 민족의 염원인 남북통일을 대비한다는 통일론의 몫도 컸다. 북한이탈주민의 한국 사회 적응은 통일 이후 남북한 주민 간의 사회통합을 예측할 수 있다는 이유로 이들에 대한 정착지원은 정당성을 확보했고 다른 소수자집단에 비해서 포괄적이고 높은 수준의 재정지원을 받았다. 하지만 이런 식의 특수주의적 접근은 이주민인 북한이탈주민과 선주민인 일반국민 간에 편견과 고정관념, 심지어 대립과 갈등까지 증폭하고 있다. 인천 논현동과 같이 북한이탈주민들이 집거하는 임대주택지역에서는 정부에 의해 선주민이 역차별을 받는다는 목소리가 크고, 일상생활에서 문화적 차이로 남북한 출신 주민들 간에 마찰과 갈등이 발생하고 마치 물과 기름처럼 어울리지 못하고 있다.[3]

1) 윤인진, "구별짓기 이민자 통합 정책," 윤인진, 황정미 편, 『한국 다문화주의의 성찰과 전망』(서울: 아연출판부, 2014), pp.234~262; 이수정, "접촉지대와 경계의 (재)구성: 임대아파트 단지 남북한 출신 주민들의 갈등과 협상," 『현대북한연구』 제17권 제2호, (2014), pp.85~126.

2) 박성재, "북한이탈주민의 한국사회 통합제고를 위한 취업지원제도 개선방안," 『월간 노동리뷰』 10월호, (2012), pp.91~109.

3) 김영순, "인천 논현동 북한이탈주민 공동체의 경계 짓기와 경계 넘기," 『로컬리티 인문학』 제12권, (2014), pp.121~154.

또한 정책이 정책 정체성을 낳는 격으로 북한이탈주민만을 위한 정부 정책은 필연적으로 북한이탈주민으로 하여금 배타적인 권리를 당연한 것으로 인식하게 하였다. 탈북민 정체성을 정치적 자원으로 활용하여 정부 지원을 독점하고자 하는 의도에서 북한이탈주민은 다른 이주배경의 소수자집단들과 '구별짓기' 또는 '경계짓기'를 시도한다. 북한이탈주민에 대한 사회적 편견과 차별을 없애기 위해서는 무엇보다 일반국민의 다문화 수용성을 높여야 함에도 불구하고 대다수의 북한이탈주민은 자신들을 다문화주의의 관점에서 바라보는 것을 반대한다.[4)]

정부 자체도 이주민들을 기존의 행정과 복지체제로 통합하지 않고 별도의 법과 제도, 예산 · 인력 · 시설을 마련해 지원하여 중복 투자, 예산 · 인력 · 시설의 낭비를 초래했다. 북한이탈주민과 관련해서는 1997년에 〈북한이탈주민의 보호와 정착지원에 관한 법률〉을 제정했고, 입국부터 초기 정착까지 별도의 시설(하나원과 하나센터 등)과 각종 지원 프로그램을 운영하고 있다. 마찬가지로 결혼이주여성과 그 자녀는 여성가족부의 정책 대상으로, 재외동포는 외교통상부의 소관으로 특수화시켰다. 이로 인해 한국의 이민자 통합 정책은 이민자의 사회적응과 사회통합 정책을 일관되게 관통하고 연계하는 철학, 사상, 이론이 부재한 상태에서 온정적, 단기적, 임기웅변적으로 추진되어 왔다. 반면에 '차별금지법'과 같이 하나의 포괄적인 법률로 모든 소수자 집단을 동등하게 대우하는 보편적 접근을 하지 못했다. 개별 정부 부처는 '정치적으로 옳은 것'으로 인식되는 이민자 통합 정책 및 프로그램을 경쟁적으로 추진하면서 결과적으로 정부의 이민자 정책은 실타래처럼

4) Yoon-Sun Kim, and In-Jin Yoon, "Multiculturalism Is Good, But We Are Not Multicultural: North Korean Defector Students' Perceptions of Multiculturalism," 『한국교육학연구』 제21권 제2호, (2015), pp.325~350.

엉키고 중구난방의 형국이 되고 말았다. 그리고 개별 부처의 정책과 프로그램은 마치 성벽처럼 쌓여져 다른 부처가 개입하는 것을 용납하지 않는 경쟁과 갈등구도가 되고 말았다.

이제는 더 이상 '대상 특수적' 접근으로는 일반국민의 공감과 지지를 얻기 어렵고 지속가능하기 어렵기 때문에 새로운 관점으로의 전환이 필요한 시기이다. 새로운 대안으로 제시하는 것이 '관점 보편적' 접근이다. 이것에 따르면 출신 배경과 같은 특수한 신분이 아니라 계층과 위험(가족해체, 질병, 실업 등)과 같은 보편적인 기준에 의해 정부의 지원이 필요한 사람들에게 공평하게 제공된다. 보편적인 기준을 따르게 되면 북한이탈주민과 다문화가족과 같은 이주 배경의 소수자집단만이 아니라 선주민 중 저소득층, 한부모가족, 장애인 등도 정부 지원을 받을 수 있기 때문에 역차별 또는 형평성 논란을 해소할 수 있다.

또 한 가지 북한이탈주민과 한국 사회와의 새로운 관계 정립에서 필요한 것은 '이탈주민'이 아니라 '남한 주민'으로 자리매김하는 것이다. 한국에서 정착한지 5년 또는 10년이 지난 후에도 계속해서 '이탈주민'으로 분류되는 것은 이들을 영속적으로 '타자화'하는 것이고 사회에서 소외하고 배제하는 것이다. 따라서 앞으로 주력해야 할 것은 신주민과 선주민 간의 공존이고, 이를 위해 상호 인식의 개선과 교류와 협력의 증대를 추구해야 한다.

이런 이유로 북한이탈주민 연구에서 지금까지 지배적이었던 적응의 관점은 통합의 관점으로 확대되어야 한다. 적응의 관점에서는 이주민이 주류사회의 문화와 제도를 수용하는 것에 초점을 두었다면 통합의 관점에서는 이주민뿐만 아니라 선주민까지도 태도와 행동의 변화를 수반하여 양자 간의 공존을 추구하는 것을 목표로 한다. 그리고 통합을 위해서는 북한이탈주민이 더 이상 지원의 대상만이 아니라 국민으로서 책임과 의무를 담당해야 한다. 동시에 한국 사회는 북한이탈주민을 정식 구성원으로 인정하고, 친밀한 관계를 맺고, 동등한 기회를 보장해야 한다.

최근에 출판된 북한이탈주민 관련 문헌에서는 사회통합의 관점에서 북한이탈주민을 연구하는 경향이 나타나고 있다. 북한이탈주민과 일반국민 간의 상호인식,[5] 독일 통합 사례 연구,[6] 접촉지대에서의 북한이탈주민과 일반주민과의 관계,[7] 북한이탈주민의 사회통합과 민주시민교육[8]과 같이 북한이탈주민에게만 분석의 초점을 맞추는 것이 아니고 다수집단인 일반국민의 인식과 일반국민과의 관계에 주목하는 연구들이 증가하고 있다. 북한이탈주민의 사회통합의 성패가 소수자인 북한이탈주민뿐만 아니라 다수집단인 일반국민에게도 달려 있다는 점을 감안할 때 이러한 연구동향은 바람직한 변화라고 볼 수 있다.

그러나 북한이탈주민의 사회통합에 관한 기존 연구들은 원론적 차원에서 사회통합의 필요성을 제기하는 수준에서 그치는 것들이 많고 구체적으로 사회통합의 개념을 정의하고 측정할 수 있는 지수를 개발해서 그에 따라 경험적으로 실태를 파악하는 수준에는 이르지 못했다

5) 신미녀, "남한주민과 북한이탈주민의 상호인식－한국사회정착에서 제기되는 문제를 중심으로－," 『북한학연구』 제5권 제2호, (2010), pp.119~143; 윤인진, 채정민, 『북한이탈주민의 정체성과 남한주민과의 상호인식』 (서울: 북한이탈주민지원재단, 2010).

6) 허준영, "북한이탈주민 사회통합정책 방안 모색: 서독의 갈등관리에 대한 비판적 검토," 『통일정책연구』 제21권 제1호, (2012), pp.271~300; 윤철기, "독일 '내적 통합'이 남북한 '마음의 통합'에 주는 교훈," 『현대북한연구』 제17권 제2호, (2014), pp.9~43.

7) 김영순, "인천 논현동 북한이탈주민 공동체의 경계 짓기와 경계 넘기," 『로컬리티 인문학』 제12권, (2014), pp.121~154; 이수정, "접촉지대와 경계의 (재)구성: 임대아파트 단지 남북한 출신 주민들의 갈등과 협상," 『현대북한연구』 제17권 제2호, (2014), pp.85~ 126.

8) 신두철, "북한이탈주민의 사회통합과 민주시민교육," 2012년 KADE-KAS 추계학술회의 발표논문.

고 평가할 수 있다. 이민자 통합과 관련해서는 몇몇 국내 연구자들이 전 세계적으로 통용되는 '이민자통합정책지수'(Migration Integration Policy Index)를 사용해서 국내 이민자들의 사회통합 수준을 측정하기도 하는데 북한이탈주민과 관련해서는 이런 체계적 접근이 시도되지 않았다.[9] 비록 사회통합의 개념은 학자마다 다양하기 때문에 통일된 개념 정의를 하는 것은 어렵겠지만 나름대로 현실성 있는 작업정의를 내리고 이에 따라 타당도와 신뢰도가 높은 지수를 개발해서 총체적이고 일관되게 북한이탈주민의 사회통합의 실태와 특성을 측정하는 것은 앞으로의 중요한 연구 과제라고 할 수 있다.

최근 북한이탈주민의 정착을 지원하는 정부 기관인 남북하나재단(공식명은 북한이탈주민지원재단)은 '북한이탈주민 정착 지표 · 지수 개발'이라는 제목의 연구용역과제를 공모하고 수행기관을 선정한바 있다. 지금까지 수많은 연구자들과 연구기관들이 개별적인 측정 지표 · 지수를 사용하여 연구결과를 비교하기 어렵고 시계열적 변화 추세를 파악하기 어려웠던 점을 고려하면 표준화된 정착 지표 · 지수의 개발은 마치 토대 사업과 같은 중요한 과제이다. 하지만 아쉽게도 이번에 재단이 수행하려는 과제는 개인의 정착이라는 현상에 초점을 맞춤으로써 현 시점에서 진정 필요한 북한이탈주민과 일반 주민 간의 사회통합이라는 주제를 다루지 않았다. 앞으로 개인의 정착 수준을 넘어서 사회의 구성원으로 인정받고 소속감을 느끼고 일반 주민과 친밀하게 교류하는 수준까지 측정할 수 있는 사회통합 지표 · 지수 개발까지

9) 설동훈, 김명아, 『한국의 이민자 사회통합 지표 및 지수 개발에 대한 연구』, 법무부 연구용역보고서, (서울: 법무부, 2008); 전경옥 외, 『2011 재한 외국인 사회통합 지표 및 지수 측정』, 법무부 출입국외국인정책본부 연구용역과제보고서, (서울: 법무부, 2011).

발전하기를 기대한다.

따라서 본 연구에서는 전환기에 선 북한이탈주민의 실태를 사회통합의 관점에서 경험적으로 고찰하고 북한이탈주민의 자립과 한국 사회로의 통합을 촉진할 수 있는 방안들을 모색하는 것을 목표로 한다. 이를 위해 북한이탈주민의 사회통합에 대한 작업정의를 내리고 사회통합 실태를 경험적으로 측정할 수 있는 지수를 개발하고자 한다. 연구 결과에 기초하여 북한이탈주민의 사회통합에서 취약한 영역들을 찾아내 이들을 개선할 수 있는 방안들을 제안하고자 한다.

Ⅱ. 선행연구 검토: 적응에서 통합으로 관점 변화

북한이탈주민은 난민, 이주민, 소수자, 동포, 국민 등 다중정체성을 가진 존재로서 인구 규모에 비해 높은 사회적 관심과 학술 및 정책 연구의 대상의 되어 왔다. 2010년에 이미 1천 편가량의 연구물이 축적되었고,[10)] 그 이후로도 매년 다양한 주제들을 다룬 연구물들이 양산되고 있다.

북한이탈주민 관련 선행 연구의 주된 관심사는 넓게 보면 사회적응 또는 정착과 관련된 것이었다. 상당수의 문헌들이 북한이탈주민의 다양한 차원의 적응 수준을 측정하고, 부적응의 원인들을 규명하고, 적응능력을 제고하는 방안들을 제안했다. 최대석 · 박영자(2011)는 1995~

10) 윤여상, "북한이탈주민 연구 발전방향," 북한이탈주민후원회 편, 『북한이탈주민 연구발전방향 세미나』 발표논문, (2010); 최대석, 박영자, "북한이탈주민 정책연구의 동향과 과제: 양적 성장을 넘어선 '성찰'과'소통'," 『국제정치논총』 제51권 제1호, (2011), pp.187~215.

2004년까지의 연구현황을 검토하면서 1990년대 말까지는 전반적인 사회적응 실태와 문제점들을 진단하는 총론적 수준의 연구가 주류를 이루다가 1999년을 전환점으로 다양한 주제들에 대한 각론적 연구가 많아졌다고 보고했다. 연구주제가 다양해지면서 연구의 시각, 이론, 방법론도 다양해졌고, 이제는 사회학, 사회복지학, 노동경제학, 인류학, 심리학, 법학, 행정학, 인권 및 국제정치학 등 거의 모든 사회과학 분야의 연구자들이 참여하는 다학제 연구분야가 되었다.

북한이탈주민 관련 선행 연구를 주제별로 분류하면 사회적응 또는 정착 실태, 정착 지원 정책 및 프로그램, 해외 체류 북한이탈주민 실태 및 보호 방안, 여성 · 청소년 · 가족, 건강 및 의료, 문화생활, 미디어 재현,[11] 남북한 출신 주민 간 상호인식 및 관계[12] 등으로 볼 수 있다.

이중 사회적응과 관련한 분야가 가장 폭넓은데, 북한이탈주민의 정치사상, 경제, 문화, 사회관계, 심리, 건강의 수준과 변화에 관련한 다양한 연구들이 이 범주에 속한다. 사회적응과 관련한 선행 연구 결과에 따르면 대부분의 북한이탈주민들이 사회적응의 기본인 경제적응에서 어려움을 보이고 있다. 2006~2009년까지의 경제활동참가율은 48~49%, 고용률은 37~42% 수준이다. 2011년의 기초생계비 수급률은 46.7%로 일반국민(2.9%)에 비해 16배 높은 수준이다.[13] 2013년 통일부의 통계

11) 권금상, “대중매체가 생산하는 ‘이주여성’ 재현의 사회적 의미: 결혼이주민과 북한이탈주민 TV 프로그램을 중심으로,” 『다문화사회연구』 제6권 제2호, (2013), pp.39~53.

12) 정향진, “탈북 청소년들의 감정성과 남북한의 문화심리적 차이,” 『비교문화연구』 제11권 제1호, (2005), pp.81~111; 윤인진, “구별짓기 이민자 통합 정책,” 윤인진, 황정미 편, 『한국 다문화주의의 성찰과 전망』 (서울: 아연출판부, 2014), pp.234~262; 이수정, “접촉지대와 경계의 (재)구성: 임대아파트 단지 남북한 출신 주민들의 갈등과 협상,” 『현대북한연구』 제17권 제2호, (2014), pp.85~126.

13) 박성재, “북한이탈주민의 한국사회 통합제고를 위한 취업지원제도 개선방안,” 『월간 노동리뷰』 10월호, (2012), pp.91~109.

에 따르면 경제활동참가율은 56.9%, 고용률은 51.4%, 실업률은 9.7%, 기초생계비 수급률은 35%로 경제여건이 개선된 것으로 나타났다. 직업 분포에 있어서는 노동직과 개인 서비스업에 종사하는 비율이 높고, 고용 지위에서는 아르바이트나 단기계약직과 같은 임시 · 일용직 비율이 현저히 높다.[14)]

문화적응에서 북한이탈주민들은 선주민들과의 대인관계에서 언어나 가치관, 사고방식 또는 사회제도 등의 사회문화적 차이에 따른 어려움을 겪고 있는 것으로 나타났다. 문화생활 중 여가활동으로 텔레비전, 라디오, 비디오 시청과 같은 매중매체 이용을 가장 많이 하고 취미활동, 스포츠 및 집밖의 레저활동, 학습활동 등 적극적이고 자기개발적인 여가활동을 잘 하지 못하고 있다.[15)] 사회관계에서 남한에 연고가 없는 북한이탈주민들은 정보와 기회에 연결될 수 있는 사회연결망 부재의 문제를 안고 있다. 교회를 제외하고 북한이탈주민들이 선주민들과 긴밀하게 접촉할 수 있는 모임과 단체는 별로 없다. 이들은 선주민들과 일차적 관계를 맺지 못하면서 결국은 동료 북한이탈주민들끼리 어울리게 된다.[16)] 심리적응에서 북한이탈주민들은 남북한 간 문화와 사고방식의 차이, 선주민들의 북한이탈주민에 대한 편견과 부정적 태도 등으로 인해 심리적응에 어려움을 겪고 있다. 선주민의 편견과 차별은 사회 및 직장생활을 어렵게 만드는 요인 중의 하나로 지적되고 있다.[17)] 건강 측면에서 상당수 북한이탈주민의 기본적 건강 상태는 저

14) 윤인진, "북한이주민의 사회적응 실태와 정착지원방안," 『아세아연구』 제50권 제2호, (2007), pp.106~143.

15) 문화체육관광부, 『2008 이주민 문화향수실태조사』 (서울: 문화체육관광부, 2008).

16) 북한인권정보센터, 『새터민 정착상황 종합실태조사』 (서울: 북한인권정보센터, 2005).

17) 윤인진, 채정민, 『북한이탈주민의 정체성과 남한주민과의 상호인식』 (서울: 북한이탈주민지원재단, 2010).

하되어 있고, 만성질환 이환율과 질병수가 선주민에 비해 월등히 높은 수준이다. 이런 건강상태는 취업은 물론 정상적인 사회경제적 생활을 영위하기도 어렵게 만드는 것으로 보고된다.[18]

위와 같은 사회적응 연구는 정확한 실태 파악과 구체적인 대책 마련이라는 기여에도 불구하고 사회부적응의 원인을 개인의 결함에서 찾는 '약점 관점'(weakness perspective)과 북한이탈주민에게 부적응의 책임을 전가하는 '희생자 나무라기'(blaming the victim) 문제의 한계를 갖고 있다. 또한 개인을 둘러싼 외부 환경과 구조, 예를 들면 사회적 편견과 차별, 경제재구조화로 인한 노동시장 양극화의 영향력을 분석에 포함하지 못하는 개인주의적 접근의 한계가 있다. 이런 한계를 극복하기 위해 사회배제론의 관점에서 사회적·구조적 요인들이 사회부적응에 미치는 영향을 분석한 연구들이 생산되기도 했다.[19]

북한이탈주민의 적응의 문제가 자신들만이 아니라 다수집단인 선주민의 인식과 차별행동에도 달려있다는 연구자들의 인식 변화는 북한이탈주민에 대한 선주민의 인식, 사회적 거리감, 차별행동, 미디어 재현 등의 연구를 활성화했다. 북한이탈주민에 대한 선주민의 인식 조사 결과에 따르면 선주민들이 북한이탈주민에 대해 부정적 이미지와 고정관념을 많이 가지고 있는 것으로 보고되고 있다.[20] 북한에 대한 레

18) 윤인진, 김숙희, "국내 탈북자의 건강과 의료," 『보건과 사회과학』 제17권, (2005), pp.149~182; 윤인진, "북한이주민의 건강과 경제적응의 관계," 『보건과 사회과학』 제21권, (2007), pp.65~97.

19) 유지웅, "북한이탈주민의 '사회적 배제' 연구: 소수자의 관점에서," (한국학중앙연구원 한국학대학원 박사학위논문, 2006); 윤인진, 이진복, "소수자의 사회적 배제와 사회통합의 과제: 북한이주민의 경험을 중심으로," 『한국사회』 제7권 제1호, (2006), pp.41~92.

20) 심진섭, "남북통일과 남북한 주민들에 대한 이미지," (고려대학교 대학원 박사학위논문, 1995); 이수정, "북한인에 대한 남녀의 편견 연구," 『한국심리학회지: 여성』 제4

드콤플렉스가 해소되고 남북 간에 문화 · 경제적 교류가 많아졌음에도 북한이탈주민에 대한 관심이나 호의적인 태도는 크게 좋아진 것이 없는 것으로 나타난다.[21] 이러한 경향은 북한 또는 북한 주민에 대해 가지고 있던 부정적 이미지나 고정관념이 북한이탈주민에게도 연장되어 나타나기 때문인 것으로 해석된다. 북한이탈주민과 선주민 간의 상호인식 조사 결과에 따르면 선주민들은 북한이탈주민을 '북한 출신'이라는 관점에서 보는 경향이 강한 반면 북한이탈주민은 자신들을 '남한 사람'이라는 점을 강조하려는 경향이 있는 것으로 나타났다.[22]

북한이탈주민을 기존의 사회적응 또는 동화의 관점이 아니라 사회통합의 관점에서 접근해야 한다는 주장은 2010년 이후에 힘을 얻어가고 있다. 권숙도[23]는 북한이탈주민을 남한 체제로 온전히 흡수 내지는 동화시키려는 노력만 있을 뿐, "사회통합적 관점에서 어떻게 그들을 받아들일까에 대한 논의는 아직 부족한 것이 현실이다"고 지적했다. 허준영[24]은 북한이탈주민이 한국 사회에 쉽사리 통합되지 못하는 이

권 제1호, (1999), pp.68~79; 전우영, "남 · 북한 고정관념에 대한 탐색: 성 역학을 중심으로," 『한국심리학회지: 사회 및 성격』 제13권 제2호, (1999), pp.219~232; 김혜숙, "북한 사람에 대한 고정관념, 감정과 태도," 『한국심리학회지: 사회문제』 제6권 제2호, (2000), pp.115~134; 전우영, 조은경, "북한에 대한 고정관념과 통일에 대한 거리감," 『한국심리학회지: 사회 및 성격』 제14권 제1호, (2000), pp.167~184; 윤인진 외, 『북한이탈주민에 대한 국민인식 및 차별실태조사』 (서울: 국가인권위원회, 2014).

21) 김혜숙, "대학생들이 중요시하는 가치와 북한 사람 및 대북 정책에 대한 태도와의 관계에 대한 조사연구," 『한국심리학회지: 사회 및 성격』 제16권 제1호, (2002), pp.35~50; 정연중, "북한이탈주민에 대한 남한주민의 인식에 관한 연구," (중앙대학교 대학원 사회복지학 석사학위논문, 2003).

22) 윤인진, 채정민, 『북한이탈주민의 정체성과 남한주민과의 상호인식』 (서울: 북한이탈주민지원재단, 2010).

23) 권숙도, "사회통합의 관점에서 본 북한이탈주민 정책방향 연구," 『한국정치연구』 제23권 제1호, (2014), pp.101~126.

24) 허준영, "북한이탈주민 사회통합정책 방안 모색: 서독의 갈등관리에 대한 비판적 검토," 『통일정책연구』 제21권 제1호, (2012), pp.271~300.

유로 한국정부가 추진해 온 시혜적인 민족주의 기조의 동화정책 자체에 있다고 보았다. 이런 문제를 해결하기 위해서는 현재까지의 동화주의적 입장에서 벗어나 쌍방의 기여에 입각한 통합주의적 시각으로의 방향 전환이 필요하다고 지적했다.

북한이탈주민이 한국 사회에 통합되는 방식과 관련해서 국내 연구의 이론적 관점은 크게 동화론과 다문화주의론으로 구분할 수 있다. 북한이탈주민에 관한 국내 선행연구의 대다수를 차지하는 적응실태 연구는 기본적으로 동화론적 관점에서 수행되었다고 볼 수 있다. 한국의 자유민주주의 정치체제와 자본주의 경제체제에서 필요한 역량과 소양을 갖추지 못한 것이 부적응의 주요 원인이고, 교육, 직업훈련, 의식개선 등을 통해 결핍요인을 극복하는 것이 성공적인 사회적응의 조건으로 보는 시각이 동화론과 적응론의 근간을 이룬다.[25] 하지만 동화론은 북한에서 형성된 가치관, 정체성, 문화 등을 평가절하하고 폐기할 것을 요구함으로써 북한이탈주민에게 심각한 정신적 혼란과 좌절감을 주게 된다. 북한에서 출생하고 성장하면서 남한인과 구분되는 자기의식과 정체성을 형성하게 된 북한이탈주민이 하루아침에 자본주의 인간으로 전환할 수는 없는 것이다. 실제로 여러 연구들은 북한이탈주민의 정체성의 문제에 대해 지적하고 있다. 장동진[26]과 신미녀[27]는 북한이탈주민이 스스로를 여전히 '북한출신'으로 인식하고 있다고 보고했다. 즉 비록 남한 사회에 살고 있지만 정서적으로 여전히 북한 사람에

25) 윤인진, 『북한이주민: 생활과 의식, 그리고 정착지원정책』 (서울: 집문당, 2009).

26) 장동진, "외국인노동자와 한국 민족주의: 자유주의적 민족주의를 통한 포용 가능성과 한계," 『21세기 정치학회보』 제17권 제3호, (2007), pp.231~256.

27) 신미녀, "남한주민과 북한이탈주민 상호 인식. 북한이탈주민 한국사회 적응 10년, 현주소," 『제2차 북한이탈주민 자력 구축을 위한 정책 세미나 발표논문 자료집』 (국회 의원회관, 2009년 6월 30일), pp.45~84.

게 보다 친근감을 가지고 있는 것이다.[28] 이희영[29]은 "탈북민은 대한민국 국적으로 환원되지 않는 시민적 권리를 확보하기 위한 인정투쟁을 하고 있다"고 지적했다. 스스로를 '북한출신 한국국적자'로 인식하고자 하는 북한이탈주민들은 새로운 정체성 형성을 추구한다는 것이다.

이런 문제의식에서 다문화주의 시각을 가진 연구자들은 북한이탈주민의 고유한 문화와 정체성을 인정하고 북한이탈주민과 일반 남한 주민 간의 새로운 정체성을 재구성해야 한다고 주장한다. 예를 들어, 남한의 지배문화를 상대화하고 자신들의 공동체적 문화를 만들어 갈 수 있는 계기를 마련해 주어야 한다"는 주장을 하는 것이다.[30] 베리(Berry)[31]의 문화변용이론을 적용해서 북한이탈주민의 한국 사회 적응방식을 연구하는 학자들은 "남한의 지배문화를 상대화하고 자신들의 공동체적 문화를 만들어 갈 수 있는 계기를 만들어 주어야 한다"고 주장한다.[32] 전성우[33]는 독일의 통일과정에서 서독의 자본주의적 가치와 행동원리를 동독 주민들에게 강요하는 과정에서 동독 주민들이 심각한 자기정체성과 자긍심의 훼손을 경험했고 이런 경험이 동독 주민

28) 윤여상 외, 『2005년도 새터민 정착실태 연구』 (서울: 북한인권정보센터, 2005).

29) 이희영, "새로운 시민의 참여와 인정투쟁: 북한이탈주민의 정체성 구성에 대한 구술사례연구," 『한국사회학』 제44집 제1호, (2010), pp.207~241.

30) 강주원, "탈북자 소수집단에 대한 남한사회의 구별 짓기," (한양대학교 석사학위논문, 2003); 정진웅, "'적응'을 넘어서: 탈북 청소년 교육의 새로운 방향 모색," 『열린교육연구』 제12권 제2호, (2004), pp.179~194; 조정아 · 임순희 · 정진경, 『새터민의 문화갈등과 문화적 통합 방안』 (서울: 한국여성정책연구원, 2006).

31) John Berry, "Finding Identity: Segregation, Integration, Assimilation, or Marginality?" in *Ethnic Canada: Identities and Inequalities*, ed. Leo Driedger (Toronto: Copp Clark Pitman, 1987), pp.223~239.

32) 정진웅, "'적응'을 넘어서: 탈북 청소년 교육의 새로운 방향 모색," 『열린교육연구』 제12권 제2호, (2004), pp.179~194.

33) 전성우, "통일독일의 사회통합," 『남북한 사회통합－비교사회론적 접근』 (서울: 민족통일연구원, 1997), pp.1~44.

의 자율적인 변화를 저해했다고 보고했다. 그리고 동서독 간의 진정한 사회통합은 양 사회가 다함께 겪는 하나의 학습 및 개혁의 과정으로 인식할 때 가능하며, 통일은 동독에게 단순히 '뒤늦은(만회성) 근대화'를 뜻할 뿐 아니라 서독의 경직된 사회구조들의 개혁과 기회로 이해되어야 한다고 주장했다.[34] 양 사회가 가진 강점과 약점에 대한 냉철한 통찰과 상호의 강점이 최대한 활용될 때 성공적인 통합을 이루어낼 수 있다는 그의 주장은 단기적으로는 북한이탈주민과 남한 주민 간의 사회통합, 장기적으로는 남북한의 사회통합과 관련하여 중요한 시사점을 제공한다.

그러나 북한이탈주민을 다문화주의 관점에서 보는 것에 대해서는 북한이탈주민 당사자, 연구자, 민간 지원단체, 통일부를 위시한 정부기관들의 반대 의견이 강하다. 또한 2000년 이후 유럽 국가들에서 이민자들에게 관대했던 다문화주의 정책으로부터 이민자의 거주국 사회로의 통합을 강조하는 이민자 통합정책으로 전환되고 있다는 사실은 한국에서 이민자 전반과 북한이탈주민의 사회통합 정책과 관련해서도 주목해야 하고 시사점을 모색할 필요가 있다. 북한이탈주민의 특수성을 고려하면서도 다른 이주배경 소수자집단과의 공통성과 연대성을 포괄할 수 있는 이론적 관점으로 선우현[35]의 '차이에 민감한 보편주의' 개념은 주목할 필요가 있다. 이 개념은 절차적 정당성으로서의 보편성을 중심축으로 삼으면서 동시에 강한 다원주의에서 요구하는 차이의 존중과 다름에 대한 배려를 적극적으로 수용하려는 보편주의 형태이

34) 윤인진, "남북한 사회통합과 재외동포의 역할," 『통일문제연구』 제12권 제1호, (2000), pp.5~24.

35) 선우현, "다원주의는 사회적 진보의 징표인가? 오늘의 다원주의적 한국 현실과 관련하여," 『사회와 철학』 제6호, (2003), pp.39~84.

다. 이러한 보편주의는 다원성과 다양성, 차이의 존중을 보다 적극적으로 수용하면서도 문화적 상대주의나 도덕적 무정부주의, 전체주의로 귀착되지 않는다. 즉 북한이탈주민과 선주민이 공통적으로 지켜야 하는 보편적인 가치와 제도를 기반으로 하여 북한이탈주민의 특수성과 고유성을 인정하는 것이다. 이런 접근은 본 연구자가 현행의 대상 특수적 이민자 정책을 관점 보편적 정책으로 전환해야 한다는 주장과 일맥상통한다고 볼 수 있다.

위에서 살펴본 바와 같이 북한이탈주민에 관한 선행 연구는 꾸준하게 주제별로 세분화되고 이론과 방법론에서 정교화되어 왔다. 그리고 동화주의와 적응론의 관점에서 다원주의와 사회통합의 관점으로 시각이 확대되어 왔다. 그러나 사회통합에 대해 원론적 수준에서 논의했지 구체적으로 사회통합의 개념을 조작화하고, 경험적으로 측정할 수 있는 지수를 개발해서 분석하지 못한 한계를 안고 있다. 이주민 통합과 다문화주의 연구에서 이민자통합정책지수 또는 다문화주의정책지수 등을 개발해서 국가 간 비교 수준으로까지 발전한 것에 비교하면 상당히 뒤쳐졌다고 볼 수 있다. 사회통합과 같이 추상적인 개념을 논할 때는 필연적으로 구체적인 개념 정의와 그것을 구성하는 주요 차원의 구성, 그리고 각 차원을 경험적으로 측정하는 지수의 개발이 선행되어야 한다. 그렇지 않고 단지 사회통합의 필요성을 주장하거나 정교하지 않은 측정방법을 사용해서 선불리 사회통합 실태를 논하는 것은 생산적인 성과를 낼 수 없다. 따라서 본 연구에서는 이주배경 소수자집단의 사회통합의 실태를 엄밀하게 측정할 수 있는 지수를 개발해서 북한이탈주민의 사회통합 실태를 분석하고자 한다.

Ⅲ. 북한이탈주민 사회통합 실태

1. 북한이탈주민 사회통합 개념[36)]

북한이탈주민은 이민자이기도 하지만 대한민국 국민이고 한민족이기 때문에 일반적인 이민자 통합지수를 사용해서 북한이탈주민의 사회통합 정도를 측정하는 것은 무리가 있다. 따라서 북한이탈주민의 특성에 적합한 사회통합 지수를 개발하는 것이 필요하다. 브뤼셀에 기반을 둔 이민정책그룹(Migrant Policy Group)이 개발한 '이민자 통합 정책지수'(Migrant Integration Policy Index, MIPEX)에서 설정한 7가지 차원(노동시장 이동성, 가족 재결합, 교육, 정치 참여, 장기 거주, 국적 취득 접근성, 반차별) 중에서 정치참여, 장기 거주, 국적 취득은 북한이탈주민에게 국민의 권리로 주어지는 것이기 때문에 해당 사항이 안 된다. 하지만 가족 재결합, 노동시장 이동, 교육, 반차별은 해당이 된다. 가족 재결합의 경우에는 한국 정부가 금지하는 것은 아니지만 남북 분단 상황에서 현실적으로 많은 제약이 있고 가족 재결합 여부가 한국 사회에서의 사회적응에 지대한 영향을 미치기 때문에 고려될 필요가 있다.

크레첼(Krechel)[37)]은 사회통합을 체제통합과 가치통합 두 가지로 구분하는데, 체제통합은 정치 및 경제제도의 통합이며, 가치통합은 체제통합과 동일한 가치를 공유하게 됨으로써 공동의 정체성을 형성하게

36) 사회통합과 이민자통합에 관한 보다 자세한 개념 정의와 측정 지표에 대해서는 윤인진(2015)의 논문을 참조하라.

37) Reinhard Kreckel, "Social Integration, National Identity and German Unification," in *Surviving the Twentieth Century*, ed. J. T. Marcus, (New Brunswick: Transaction Publisher, 1999); 고상두, "통일 이후 사회통합 수준에 대한 동서독 지역주민의 인식,"『유럽연구』 제28권 제2호, (2010), pp.269~288.

되는 것을 가리킨다. 이렇게 볼 때 인권 보호, 사회 적응, 기회 평등은 체계통합과 관련된 영역이고, 소속감과 유대 관계는 가치통합과 관련된 영역으로 볼 수 있다. 〈표 1〉에서는 북한이탈주민의 사회통합을 다섯 가지 영역으로 구분하고 각 영역의 세부 영역과 구체적인 측정 지표를 예시로 제시했다. 아직은 아이디어 수준에서 제안한 것이기 때문에 본격적인 연구가 진행되면 전문가들과 북한이탈주민 당사자들의 의견을 수렴해서 보다 현실적인 지표·지수를 개발할 필요가 있다.

〈표 1〉 북한이탈주민 사회통합 지수 영역 및 측정 문항

주요 영역	세부 영역	측정 지표
1. 인권 보호	1.1 생명, 자유 및 신체의 안전	• 감시, 구금, 폭행, 신체적 구속 여부 • 보편적 의료 서비스 접근 여부
	1.2 인격적 대우	• 모욕, 무시, 언어 폭력 여부
	1.3 교육권	• 의무교육 접근 여부
	1.4 가족 재결합	• 북한 또는 제3국 잔류 가족과의 연락, 교류 및 재결합 여부
	1.5 문화권	• 북한 문화 유지 및 실행 여부 • 북한 문화의 사회적 인정 및 존중 여부
2. 사회 적응	2.1 경제 활동(취업, 실업, 고용 안정성, 근로 시간, 직업, 종사상의 지위 등)	• 취업 여부, 고용 안정성(정규직 및 비정규직 종사), 근로 시간, 직업 및 산업 종류, 종사상의 지위 • 선주민과의 경제활동 차이 여부
	2.2 소득 수준(소득, 재산, 빈곤, 생계보조금 수령 등)	• 개인 소득, 가족 소득, 재산, 빈곤 여부, 생계보조금 수령 여부, 주관적 계층의식 • 선주민과의 소득 수준 차이 여부
	2.3 교육(교육 수준 등)	• 한국에서의 교육 여부, 최종 학력 • 선주민과의 교육 격차 여부 • 탈북 청소년의 선주민 학생과의 학업성취도, 대학 진학률 격차

	2.4 문화(한국어 능력, 한국 법, 제도, 관습 습득 등, 가치 수용, 매스 미디어 접촉)	• 한국어 구사 능력, 외래어 및 한자 이해 능력, 억양 • 한국 법, 제도, 관습 이해 정도 • 한국의 핵심 가치(민주적 가치 등) 수용 정도 • 매스 미디어 접촉 정도, 유형
	2.5 건강(신체 건강, 정신 건강 등)	• 주관적 신체 건강 수준, 정신 건강 수준 • 질병 여부 및 종류 • 질병으로 인한 사회경제활동 어려움 • 선주민과의 건강 수준 차이
3. 기회 평등	3.1 직장	• 취업, 승진, 봉급에서의 차별 여부
	3.2 주거	• 주택 구입 및 임대 시 차별 여부
	3.3 공공시설 이용	• 상업시설, 공공기관, 교통수단 등의 이용 관련 차별 여부
	3.4 정치 참여	• 참정권 여부, 투표 참여, 정당 가입, 선거 출마, 정치적 활동을 위한 기부/기금활동, 집회 및 시위 참가
	3.5 병역	• 병역 의무 및 권리
4. 소속감	4.1 정체성	• 한국 국민, 북한 출신, 한민족 정체성
	4.2 소속감	• 지역 주민, 한국 사회 구성원, 한국 국민, 아시아인, 세계시민으로 느끼는 소속감 • 외국으로 이민 갈 의향
	4.3 사회적 거리감	• 주민, 직장 동료, 친구, 배우자 관계에서의 사회적 거리감 • 이미지
	4.4 신뢰	• 동등하고 역량 있는 사회구성원으로서의 인정 정도
5. 유대 관계	5.1 1차집단 참여	• 1차 집단 참여 여부, 종류 및 유대감 정도
	5.2 2차집단 참여	• 2차집단(주민회, 동창회, 시민사회단체, 교회 등 종교기관, 기타 자발적 결사체) 참여 여부
	5.3 사회적 지지	• 사회적 지지 집단 존재 여부 및 규모, 사회적 지지 종류와 정도

2. 북한이탈주민 사회통합 실태

북한이탈주민의 사회통합의 실태를 정확하게 파악하기 위해서는 앞서 제시한 사회통합 지수가 개발되고 실태조사를 통해 자료를 수집해야 한다. 이런 과업이 실행되려면 상당한 시일이 소요될 것이기 때문에 우선적으로 본 장에서는 선행연구와 실태조사 결과에 기초해서 북한이탈주민 사회통합의 현황을 대체적으로 파악하고자 한다.

필자가 제안한 사회통합의 영역은 인권보호, 사회적응, 기회평등, 소속감, 유대관계인데 이 장에서는 인권보호를 제외한 네 가지 영역에서 대표적인 세부영역을 선정해서 사회통합 실태를 파악하고자 한다. 여기서 인권보호를 다루지 않은 이유는 북한이탈주민은 입국하면서 한국 국민으로 인정받고 보호를 받기 때문에 여타 이주민 또는 외국인과는 다르게 인권보호 면에서 크게 심각한 문제가 없다고 판단되기 때문이다. 하지만 국내 입국 직후 합동조사기관에서 조사를 받는 과정에서 인권이 침해되었다는 주장도 있고,[38] 자유롭게 가족이 재결합할 수 있는 권리도 제한되기 때문에 인권보호 문제가 전혀 없다고 볼 수는 없겠다. 북한이탈주민의 인권보호 문제는 후속 연구에서 보다 심도 있게 다루도록 하겠다.

본 연구에서 북한이탈주민의 사회통합 실태를 파악하기 위해 사용한 자료들은 필자가 연구책임자로 참여해서 2010년에 실시한 〈북한이탈주민정착실태조사〉(북한이탈주민지원재단 연구과제),[39] 2010년에 실

38) 김은지, "한국 정부 '탈북자 합동조사기관에 인권보호관 제도 도입'," *Voice of America*, 2015년 5월 24일자.

39) 2010년 북한이탈주민정착실태조사는 2010년 7월 23일부터 9월 5일까지 15개 광역시도(제주도 제외)에서 성별, 연령별, 지역별 다단계층화무작위표본추출방법으로 성인 1,200명(만 20세 이상 65세 이하)의 북한이탈주민 표본을 추출하여 일대일 대면

시한 〈한국인의 갈등의식조사〉,[40] 2014년에 실시한 〈북한이탈주민에 대한 국민인식 및 차별실태조사〉(국가인권위원회 연구과제),[41] 공동연구자로 참여해서 2010년에 실시한 〈2010년 한국인의 국가정체성〉(동아시아연구원 · 아세아문제연구소 연구과제)[42] 등으로부터 수집되었다.

1) 사회적응 실태

북한이탈주민의 사회적응 수준을 측정하는 가장 체계적인 방법은 앞서 제시했듯이 경제활동, 소득, 교육, 문화, 건강 등의 세부 영역에서 지표들을 개발해서 측정하는 것이다. 예를 들어, 취업률을 측정한 후 일반국민의 취업률과 비교해서 상대적 수준을 평가하는 것이다. 앞으

면접방식을 사용해서 실시했다.

40) 2010년 한국인의 갈등의식조사는 2010년 12월에 15개 광역시도(제주도 제외)에서 성별, 연령별, 지역별 비례할당 후 20~59세의 성인 남녀 1,027명을 표본으로 추출하여 일대일 대면면접방식을 사용해서 실시했다. 이 조사에서는 사회갈등에 관한 일반국민의 인식 외에도 외국인 이주노동자, 국제결혼 이주여성, 북한이탈주민에 대한 인식과 사회적 거리감을 측정했다.

41) 2014년 북한이탈주민에 대한 국민인식 및 차별실태조사는 2014년 7월 25일부터 8월 22일까지 16개 광역시도에서 2014년 6월 주민등록인구현황에 따라 성별, 연령별, 지역별 비례할당 후 19세 이상 일반국민 표본 1,011명을 무작위 추출하여 일대일 대면면접방식을 사용해서 실시되었다. 또한 북한이탈주민과 접촉하고 교류한 경험이 있는 주변인 300명(가족 및 친척, 학교친구, 직장 동료, 이웃, 민간단체 관계자 및 자원봉사자, 정부관계자, 학교 교사 및 교수 등)을 선정하여 일반국민 대상 설문조사와 동일한 조사를 실행했다. 아울러 북한이탈주민 차별실태를 파악하기 위해 북한이탈주민 50명과 심층면접을 실시했다.

42) 2010년 한국인의 국가정체성 조사는 2010년 10월 22일부터 11월 8일까지 16개 광역시도에서 성별, 연령별, 지역별 비례할당 후 무작위로 추출한 전국의 만 19세 이상 성인남녀 1,019명을 대상으로 일대일 대면면접방법을 사용해서 실시했다. 이 조사의 주된 목적은 한국인의 민족정체성, 국민정체성, 국가자부심, 사회인식 등을 파악하기 위한 것이지만 북한이탈주민, 결혼이주여성, 외국인 이주노동자 등 다문화적 소수자집단들에 대한 한국인의 인식에 대해서도 조사했다.

로 사회통합지수가 본격적으로 개발되면 세부 영역별 측정 지표가 확정되고 각 지표에 점수를 부여하고, 세부 영역 별 가중치가 부가된 후 지표들의 총합으로서 사회통합지수가 계산될 것이다. 아직 이런 과업이 실행되지 않았기 때문에 이 장에서는 탐색적인 차원에서 북한이탈주민이 인식하는 사회적응의 수준을 파악하고자 한다. 물론 주관적 인식과 객관적 실태 사이에는 차이가 존재하지만 당사자의 주관적 인식도 사회적응 수준을 측정하는 근거 있는 지표가 될 것이다.

2010년 북한이탈주민정착실태조사에서는 북한이탈주민의 사회적응 수준을 측정하기 위해 경제, 사회관계, 문화, 심리와 관련된 총 18개의 문항들을 사용했다. 조사 결과, 전체적으로 여러 측면에서 북한이탈주민들이 비교적 잘 적응하고 있다고 인식하는 것으로 나타났다(〈표 2〉 참조). 좀 더 세부적으로 살펴보면, 남한 주민과 어울리거나 남한 사회의 법 · 제도에 적응하거나 남한 사회에 소속감을 느끼거나 하는 것과 같은 사회문화 적응에서는 큰 어려움을 겪지 않는 것으로 나타났다. 하지만 남한에서 사용되는 낯선 언어(한자어나 외래어) 때문에 어려움이 많다고 응답한 사람들이 그렇지 않다고 응답한 사람들보다 많아서 언어소통에 불편함을 느끼는 것으로 나타났다. 북한이탈주민이 경험하는 가장 큰 어려움은 경제적 적응문제로 능력과 적성에 맞는 일자리를 찾지 못하거나 직업 및 직장생활에 만족하지 못하거나 소득 및 수입이 생활하기에 부족하다고 응답한 사람들이 많았다. 그 외 심리적인 면에서 고향에 대한 그리움이나 북한에 있는 가족에 대한 걱정 혹은 죄책감을 가지고 있는 사람들도 많은 것으로 밝혀졌다.

〈표 2〉 남한 사회 적응수준 (단위: %, 점)

문항	① 전혀 그렇지 않다	② 그렇지 않은 편이다	③ 보통이다	④ 그런 편이다	⑤ 매우 그렇다	차이	평균 점수
1. 나는 남한 주민들과의 활동에 잘 참여하지 못하고 있다	21.7	21.3	27.2	24.2	5.7	-13.1	2.7
2. 남한 주민들과의 접촉을 꺼릴 때가 많다	34.3	34.2	15.3	14.1	2.1	-52.3	2.2
3. 경찰청 또는 국정원 같은 정부 기관들이 나의 사생활을 감시하고 통제한다고 느낀다	39.8	28.9	16.0	13.0	2.3	-53.3	2.1
4. 남한에서 사용되는 낯선 언어(한자어나 외래어) 때문에 어려움이 많다	13.8	14.8	20.8	37.7	12.9	22.0	3.2
5. 남한의 문화에 적응이 잘 안 된다	19.5	30.1	25.2	21.6	3.7	-24.2	2.6
6. 사람들은 나에게 직접적으로 말을 하진 않지만 적대감을 가지고 있는 것 같다	28.1	37.8	18.0	14.1	2.1	-49.7	2.2
7. 능력과 적성에 맞는 일자리를 찾지 못하고 있다	16.0	20.4	19.2	32.3	12.1	8.0	3.0
8. 나는 직업 및 직장생활에 만족한다	11.0	18.8	32.7	25.9	11.6	7.7	3.1
9. 소득 및 수입이 생활하기에 부족하다	4.0	11.1	24.0	40.9	20.0	45.8	3.6
10. 다른 사람들이 나에 대해 편견을 가지고 있다고 느껴진다	21.2	34.6	23.7	17.6	2.9	-35.2	2.5
11. 고향에 대한 그리움 때문에 힘들다	13.1	19.1	27.8	25.6	14.4	7.8	3.1
12. 나는 가족들과 친구들을 떠나온 사실 때문에 죄책감을 느낀다	18.3	22.6	18.4	29.2	11.5	-0.3	2.9

13. 나는 내가 북한에서 왔기 때문에 사회적 지위가 낮다고 느낀다	18.0	23.8	20.2	30.3	7.8	-3.7	2.9
14. 남한 사회에서는 내 능력을 제대로 평가받지 못하고 있다고 느껴져서 괴롭다	18.0	31.4	24.4	21.5	4.7	-23.3	2.6
15. 남한 주민들과 공동으로 의사를 결정할 때 내 생각을 자유롭게 말할 수 없다	24.6	31.1	18.6	22.0	3.8	-29.8	2.5
16. 나는 남한 사회에 소속감을 느끼지 못하고 있다	25.3	32.8	24.1	15.5	2.3	-40.3	2.4
17. 나는 남한 주민들과 어울릴 때 어색하거나 낯선 느낌이 든다	29.7	31.7	19.5	17.4	1.8	-42.3	2.3
18. 나는 남한 사회의 법·제도에 잘 적응이 안 된다	25.6	31.2	23.6	16.2	3.5	-37.0	2.4

앞에서 사회적응 수준을 측정하기 위해 사용한 18개의 문항들에 대한 응답 결과를 요인분석해서 주요한 적응 수준의 요인을 추출한 결과, 크게 사회문화 부적응, 편견과 차별, 경제적 부적응, 죄책감과 그리움으로 나타났다. 각 요인의 평균 점수를 5점 척도로 환산한 결과 앞서 개별 문항들을 분석하면서 경제적 부적응 수준이 가장 높았고(3.3점), 그 다음으로 죄책감과 그리움(3점), 편견과 차별(2.6점), 사회문화 부적응(2.5점)의 순으로 나타났다. 따라서 경제문제와 심리문제는 여전히 해결되지 않은 상태로 남아있지만 사회문화 부적응과 편견과 차별 문제는 보통 수준보다 낮아서 상대적으로 개선된 것으로 보인다.

〈표 3〉 남한 사회 적응수준의 요인별 비교

요인	평균 점수
사회문화 부적응	2.5
편견과 차별	2.6
경제 부적응	3.3
죄책감과 그리움	3

북한이탈주민이 현재 생활조건에 대해 어떻게 인식하는가를 파악하기 위해 "본인의 경제적 여건, 가족관계, 건강 등을 고려할 때 현재의 상황이 매우 힘들고 어렵다고 생각하십니까?"라는 질문을 하였다. 이에 대해 현재 생활이 어렵다고 응답한 사람들은 570명(47.6%), 보통이다고 응답한 사람들은 369명(30.8%), 어렵지 않다고 응답한 사람들은 261명(21.7%)으로 나타나서, 대체로 현재 생활조건이 어렵다고 보고한 응답자들이 더 많았다.

현재 생활조건에 대해 북한이탈주민들은 어떻게 대응하는가를 조사한 결과 '개선될 것 같아서 매우 열심히 노력하고 있다'가 55.5%로 제일 높았고, 그 다음이 '개선 될 것 같아서 어느 정도 노력을 하고 있다'가 36.6%였다. '이러지도 저리지도 않고 있다'고 응답한 사람들은 6.2%, 개선 노력을 하고 있지 않다고 응답한 사람들은 1.8%에 불과했다. 따라서 대다수의 북한이탈주민은 비록 현재 생활조건은 어렵지만 이를 개선하기 위해 노력하고 있다는 것을 확인할 수 있다.

2) 기회 평등

ㅇ 북한이탈주민의 차별 인지

북한이탈주민들은 우리 사회 현실 속에서 광범위한 차별과 멸시를 경험하고 있는 것으로 나타난다.[43] 그러나 북한이탈주민의 차별 경험에 대한 과학적인 연구방법에 의거하여 실시한 체계적인 조사연구는 많지 않으며, 일반 사회실태조사의 일부분으로 실시된 것이 대부분을 차지하고 있다.

북한이탈주민지원재단에서 2012년 당시 전국 거주자 전수를 대상으로 실시한(11,166명 설문분석 포함) 결과인 『2012 북한이탈주민 실태조사』에 의하면 남한상황에 불만족한 이유는, '경제적으로 어렵기 때문'이 57.6%, '북한이탈주민에 대한 각종 차별 때문에' 45.6%, '나의 능력과 내가 하고 싶은 일 사이의 격차가 심해서' 31.0%(복수응답)으로 나타나 북한이탈주민 스스로가 인식하는 남한 사회의 차별이 매우 심각한 수준임을 보여주고 있다. 하지만 이러한 차별은 단순히 북한이탈주민의 주관적 인식이라고는 보기 힘들다. 김혜숙[44]의 연구에 따르면 남한 주민들은 영호남 사람들에 대해서보다 외국인 노동자와 장애인, 북한이탈주민 등 사회의 약자 집단에 대해 덜 호의적인 태도를 나타낸다는 사실을 밝혔다. 이 중 특히 외국인 노동자와 북한이탈주민에 대한 태도가 더 부정적인 것으로 드러났다.

북한이탈주민의 사회적 차별과 편견이 이들의 사회적응에 장애요인으로 작용한다는 조사 결과는 북한인권정보센터의 정례 북한이탈주민 정착실태조사 보고서, 통일연구원, 북한이탈주민지원재단, 개별 연구자들의 연구조사에서 공통적으로 제시되고 있다. 북한이탈주민지원재단의 전신인 북한이탈주민후원회가 2001년에 실시한 실태조사에 따르

[43] 국가인권위원회, 『국내탈북자의 인권상황 개선에 관한 연구』 (서울: 국가인권위원회, 2005).

[44] 김혜숙, "우리나라 사람들이 가지는 가치가 소수 집단에 대한 편견적 태도에 미치는 영향," 『한국심리학회지: 사회 및 성격』 제21권 제4호, (2007), pp.91~104.

면 '남한 사람의 편견과 차별'이 사회(직장)생활에서 가장 어려운 문제점으로 지적되었다. 구체적으로 '직장생활에서 가장 어려운 점은 무엇인가?'라는 질문에 '남한 사람들의 편견과 차별이 가장 힘들다'고 응답한 사람들이 218명으로 전체 응답자 973명의 22.4%를 차지하였다. 이는 한국 사회에서 남한 주민들과 융화되는 것이 어렵다는 점을 보여주는 예이다.

2003년 통일연구원 조사에서는 남한 주민들이 북한이탈주민에 대해 편견을 갖는 이유로 '북한에서 왔기 때문에'가 가장 큰 이유를 차지했다. 단지 출신지역이 북한이라는 이유로 자신들이 편견의 대상이 된다고 인식하는 비율이 가장 높게 나타났다. 다음으로 '사고방식이 달라서', '노력 없이 기대수준이 높아서', '말투가 달라서'가 중요한 이유로 보고되었다. '능력이 부족해서 편견을 갖는다'는 견해에 대해서는 소수의 북한이탈주민들만이 동의했다.

북한이탈주민에 대한 차별과 사회적 편견을 인권침해의 관점에서 조사한 경기도가족여성연구원의 2012년 북한이탈주민 인권침해 실태조사의 결과를 살펴보면, 북한이탈주민은 경제적 어려움 외에도 사회적 편견과 차별로 인하여 출신에 따른 각종 부당한 대우를 받고 있는 것으로 나타났으며, 이들에 대한 국민인식개선과 관련 홍보를 강화해야한다는 결론을 제시하고 있다.

북한이탈주민에 대한 차별과 편견과 관련하여 북한이탈주민들이 느끼는 소외감 및 그에 영향을 미치는 요인에 대한 연구가 일부 진행되고 있는데, 김영만[45]은 대한민국에 사는 탈북자들의 적응실태 조사 결과에서 일, 자신, 사회제도, 인간관계, 가정으로부터의 소외감 측정영

45) 김영만, 『대한민국에 사는 탈북자(새터민)들의 적응실태』 (서울: 한국학술정보, 2005).

역에서 '일로부터의 소외'가 가장 높았고, 다음으로 '사회제도, 인간관계, 가정, 자신'의 순으로 측정되었다고 지적한다.

장명선[46]은 서울시에 거주하는 북한이탈주민 여성을 대상으로 한 연구에서 탈북자라는 선입견, 아무리 노력해도 인정해주지 않는 남한 사람들의 태도로 인하여 정체성의 혼란을 겪고 있으며, 기존의 성차별과 더불어 북한 사람들에 대한 이중적인 차별과 편견이 직장생활을 어렵게 만든다는 점을 밝혀냈다.

조영아 · 전우택[47]의 연구에서도 결혼한 북한이탈주민 여성들은 일반 북한이탈주민들과 마찬가지로 남한 사회에서 스스로 위축되는 면이 있다고 밝혔다. 그들은 남한 사람들이 자신들을 부정적이고 무시하는 시선으로 바라보는 것을 느끼면서 자신들이 북한 사람이라는 것을 알게 될 때 상대방이 어떤 태도를 보일 지에 대해서 매우 불안해하며 염려한다고 보고한다.

한편 김화순[48]은 인적자본이론의 관점에서 '인적자본의 이전장벽'이라는 개념을 근간으로 북한이탈주민이 한국 사회에서 지각하는 차별의 실체를 밝히고자 하였다. 북한이탈주민들이 인지하는 차별의 양상이나 개념은 계층이나 유형에 따라 다를 수 있다는 가정하에, 고학력집단을 대상으로 직업이동과정에서 나타나는 직업하향화(downward employment)현상과 직업계층(occupational strata)의 변화에 대한 인식을 연구하였다. 연구 결과, 북한이탈주민 고학력자들은 차별을 주로 취업

46) 장명선, "북한이탈주민여성의 생활실태 및 사회통합을 위한 연구," 『평화학연구』 제11권 제4호, (2010), pp.361~395.

47) 조영아, 전우택, "탈북 여성들의 남한 사회 적응 문제: 결혼 경험자를 중심으로," 『한국심리학회지: 여성』 제10권 제1호, (2005), pp.17~35.

48) 김화순, "고학력 북한이탈주민이 인지하는 차별과 직업계층 변화에 대한 인식," 『통일과 평화』 제2집 제2호, (2010), pp.76~110.

과 직장, 고용지원센터 등 일자리영역에서 강하게 인지하고 있는 것으로 나타났으며, 북한에서 남한 사회로 이동하면서 자신들의 직업계층이 하향화하였다고 인지한다고 밝혔다.

최근 여성가족부 조사결과를 살펴보면 북한이탈주민의 경우 탈북과정에서 겪는 정서적 불안과 국내 정착 후 문화적 이질감 등으로 인해 조직사회에 융화하지 못하면서 학교 폭력 등의 피해자로 전락되고 있으며, 이들이 겪고 있는 가장 큰 어려움은 경제적인 부분이 아니라 바로 지역민과 함께 어울려 생활하는 사회적응 문제이며, 그들이 토로하는 가장 큰 불만은 지역사회의 차별적인 시선으로 나타나고 있다.

탈북여성 인권실태에 관한 또 다른 국가인권위원회 용역보고서에서 박순성 외[49]는 북한여성들이 북한, 제3국, 한국에서 경험하는 심각한 차별과 인권침해 경로를 세밀하게 보고하고 있다. 특히 한국에 도착한 이후 '국민 만들기' 과정에서의 인권상황으로서 우선 조사 과정에서의 낙인과 상처를 받고 있다. 또한 탈북과정에서 겪는 심각한 트라우마에 대한 치료지원이 제대로 이루어지고 있지 않다. 또한 차별을 재생산하는 적응교육과 수동적 존재로 만드는 길들이기 식의 정부 지원제도가 문제점으로 지적되고 있다.

일상에서의 차별과 배제 경로도 매우 광범위하게 나타난다. 우선 모르는 게 너무 많은 사람들, 사회에 짐이 되는 사람들, 믿을 수 없는 사람들, 아픈 데가 많은 사람들로서 언제나 사회적 짐으로 인식되는 어쩔 수 없는 소수자로서 각인되고 있다는 사실을 지적한다. 또한 마음은 항상 북에 두고 온 이산가족에 가 있는 상황 속에서 더욱 어려운

49) 박순성 외, 『탈북여성의 탈북 및 정착과정에서의 인권침해 실태조사』 (서울: 국가인권위원회, 2009).

삶을 체험한다. 또한 새로운 사회에서 가정을 이루었지만, 가부장적 성역할의 지속 등으로 남한 사회 '2등 국민'으로 전락하고 있다고 주장하고 있다.

동 연구자들은 한국 정부는 탈북여성이 입국한 뒤 국적을 획득하고 사회에 적응해 나가는 과정 전반을 인권적 관점에서 점검할 필요가 있다고 제안하고 있다. 특히 심문조사와 교육을 담당하는 기관은 탈북여성의 인권을 더욱 섬세하게 고려하는 제도적 장치를 만들어야하며, 기관의 종사자들은 주기적으로 인권 교육을 받음으로써 인권감수성을 증진시키는 한편, 탈북여성이 북한 출신이라는 사실을 '커밍아웃'하도록 만드는 취업장려금 제도를 비롯하여, 탈북여성들에게 심리적, 정신적 압박을 가하는 지원제도들은 개선되어야 할 필요성이 있다고 주장한다. 또한 무엇보다 필요한 지원은 탈북여성들에 대한 심리 치료 프로그램이며, 탈북여성 스스로가 상황을 극복할 수 있도록 탈북여성들 사이의 공동체를 형성시킬 필요성을 지적하고 있다. 이러한 공동체 형성을 통해서 탈북여성들과 탈북자들 사이에 동류의식을 발견하고, 사회적 지지 기반을 만들 수 있다는 것이다. 이러한 공동체는 탈북여성들이 한국 사회에서 살아가면서 직면할 수도 있는 각종 범죄비리 및 가부장적 가족관계에서 발생하는 피해를 방지할 수 있다는 것이다.

남한 사회에서 북한이탈주민들이 경험하는 혹은 인식하는 차별이나 편견은 시간이 지나도 별로 줄어들지 않는다고 한다. 남한 주민들이 북한이탈주민들이 가족과 조국을 버리고 온 사람이라는 인식을 가진 경우가 많아서 이들을 신뢰할 수 없는 사람, 언제든지 배신하는 사람이라는 부정적인 편견을 가지는 경우가 많다. 선행연구들에서 지적하고 있는 바와 같이 이러한 편견은 북한이탈주민이 남한 주민들과의 새로운 인간관계를 형성하거나 직장을 구하는데 방해요소가 된다.[50)]

2014년 북한이탈주민에 대한 국민인식과 차별실태조사에서는 50명의 북한이탈주민들을 대상으로 심층면접을 실시했다.[51] 조사 결과, 북한이탈주민은 아주 심각한 수준은 아니지만 일상생활에서 어느 정도 차별을 경험하는 것으로 밝혀졌다. 다만 북한이탈주민이 차별을 인식하는 수준은 영역에 따라 다르게 나타난다. 차별을 가장 심하게 느끼는 영역은 직장이었고 그 다음으로 학교와 이웃주민 순서로 나타났다.

북한이탈주민이 직장에서 차별을 가장 심하게 느끼는 이유는 그만큼 경제적 이해관계에 따른 인간관계의 반응이 첨예하게 나타나는 결과인 것으로 해석할 수 있다. 특히 직장생활을 하는 동안보다 취업을 하는 과정에서 북한에서 왔다는 이유로 차별을 당한 경험이 많다는 것이 이들의 의견이었다. 그러나 "다른 사람이 힘들다고 기피하는 일자리에 지원한 탓인지" 한 번도 차별을 받아 본 일이 없다고 주장하는 사람도 있었다. 한편 학교의 경우에는 대안학교나 검정고시 준비와 같은 방법으로 다른 학생과 접촉을 회피할 수 있는 방법이 있기 때문에 차별을 경험했다는 사례가 예상보다 적었던 것으로 보인다. 그리고 심층면담 대상자 중에서 자녀의 "왕따" 문제를 걱정할만한 연령층의 숫자가 적었다는 점도 학교 내 차별 경험이 첨예하게 드러나지 않게 만든 요인으로 작용했을 가능성도 감안해야 한다. 마지막으로 이웃주민과 관계에서 차별을 인식하는 수준이 낮은 이유는 "아침 일찍 나갔다가 밤늦게 집에 들어가다 보면" 서로 만날 기회가 없기 때문이라고 설명하는 사람이 많았다. "얼굴을 볼 시간도 없는데" 차별을 당하고 말고

50) 진미정, 이순형, "새터민의 자아존중감 및 내적귀인성향에 따른 사회문화적 적응," 『대한가정학회지』 제44권 제7호, (2006), pp.141~152.

51) 북한이탈주민의 차별실태에 관한 심층면접은 공동연구원으로 참여했던 김석향 교수께서 실행했고 차별실태에 관한 내용은 본 조사의 결과보고서에서 인용했다.

할 상황이 아니라는 것이 이들의 설명이었다.

북한이탈주민의 차별인식에서 특이한 사실은 자신이 일방적으로 차별을 당하는 존재로 인식하는 경향이 강하게 드러난다는 점이었다. 면담 대상자는 대부분 차별이라는 개념을 서술할 때 자신의 의견을 정확하게 묘사하지 못하는 경우가 많았다. 그럼에도 불구하고 자신이 북한 출신이라는 이유로 차별을 당하던 순간의 분노를 매우 날카롭게 기억하고 있는 경우가 드물지 않았다. 예를 들어 말을 할 때 억양을 듣고 북한 출신이라는 이유로 자신이 차별을 당했는데 그 순간에는 "하염없이 눈물이 나왔다"거나 "속에서 뜨거운 것이 치밀어 올랐다" 하는 식으로 분노를 표현하곤 했다. 일부 의견이지만 나중에 돌이켜 보니 상대방이 딱히 차별하려는 의도가 없었을지도 모르는데 자신이 지나치게 반응했던 것 같다는 대답도 나왔다.

반면에 이들은 자신이 다른 사람을 차별하는 경우도 있다는 사실은 인정하지 않는 경향을 보였다. 자신은 "차별하지도 않고 차별을 받지도 않는" 사람으로 인식하는 경우가 많았다. 그러나 막상 이들이 구술한 내용을 분석해 보면 주변의 다른 사람을 차별적으로 서술하는 사례도 드물지 않아 향후 이 문제에 대해 보다 심층적인 연구를 진행하는 것이 필요하다고 생각한다.

심층면담에서 공통으로 나타난 현상은 북한이탈주민이 차별을 받았을 때 차별을 한 사람과 싸우는 등 직접 해결 하는 방법 외에 제도적 방법을 통해 문제를 해결하려고 시도하는 경우가 드물게 나타난다는 점이었다. 취업 과정에서 차별을 경험한 면담 대상자는 서류를 제출했을 때 북한이탈주민인지 모르고 면접 대상자로 통보했다가 면접 후 북한이탈주민이라는 이유로 채용을 취소하는 사태가 발생해도 고용주에게 공식적으로 문제를 제기할 수 없는 상황이 아쉬웠다고 구술하는 경우가 있었다. 그러나 공식적으로 문제를 제기할 수 있는 방법을 찾아 보았는지 질문했을 때 그렇다고 대답하는 경우는 사실상 없었다. 면담 대상자가 "북한에서 왔다" 하는 이유로 상대방에게 부당한 대우를 받았을 때에도 개인적 감정 표출 차원을 넘어서 제도적인 대응 방안이 있는지 확인하고 그 절차를 따라 문제를 해결하려는 시도를 해 본 경험도 적거니와 그렇게 하고자 하는 의사도 별도 없다는 점을 확인할 수 있었다.

그런 의미에서 북한이탈주민을 상대로 자신이 차별을 당했다고 느낄 때 공식적이고 제도적인 방법을 통해 대응하는 방안으로 무엇이 있는지 정확하게 알려주는 노력을 확대하는 것이 필요하다고 생각한다. 또한 북한이탈주민 스스로 자신이 인지하지도 못하는 상태에서 다른 사람을 상대로 연령이나 학력·출신 인종의 유형에 따라 차별적 발언을 하는 일이 없도록 보편적 인권 교육의 기회를 제공하는 것이 시급한 일이라고 하겠다.

o 남한 주민의 북한이탈주민에 대한 차별 인지

2014년 북한이탈주민에 대한 국민인식조사와 차별실태조사에서는 북한이탈주민이 경험하는 차별의 정도를 고용, 시설 이용, 교육, 성희롱 및 성차별의 네 가지 영역으로 구분하여 측정하였다. 조사 결과, 일반국민은 고용 영역에서 북한이탈주민에 대한 차별이 가장 큰 것으로 인식한다. 성희롱 및 성차별 영역에서는 차별이 없다고 인식하는 비율(41.1%)이 있다고 인식하는 비율(14.7%)보다 훨씬 높다. 시설 이용과 교육 영역에서도 차별이 크다기보다 오히려 없다고 인식하는 비율이 높다. 따라서 일반국민은 북한이탈주민이 고용 영역에서 차별을 심하게 당하고 그 외 시설 이용, 교육, 성희롱 및 성차별 영역에서는 차별 정도가 심하지 않다고 인식한다.

〈표 4〉 북한이탈주민에 대한 차별

	그렇다	보통이다	그렇지 않다	차이	평균 (5점척도)
1. 고용(모집, 채용, 교육, 배치, 승진, 임금, 자금의 융자, 정년, 퇴직, 해고 등을 포함)	54.6	33.4	12.0	42.6	2.5
2. 시설 이용(재화, 용역, 교통수단, 상업시설, 토지, 주거시설의 공급이나 이용과 관련)	25.0	42.4	32.6	-7.6	3.1
3. 교육(교육시설이나 직업훈련기관에서의 교육·훈련이나 그 이용과 관련)	25.9	39.5	34.6	-8.7	3.1
4. 성희롱 및 성차별	14.7	44.3	41.1	-26.4	3.3

3) 소속감

○ 자기인식

북한이탈주민이 남한에서 살아가는데 있어서 자신을 어떻게 규정하느냐는 것은 매우 중요한 문제이다. 이를 확인하기 위해 자신을 '북한사람', '남한 사람', '북한출신 남한 사람', '동포' 중에서 어떤 모습으로 규정하는지를 조사하였다. 그 결과, 북한출신 남한 사람으로 보는 사람(50.6%)이 제일 많았고, 남한 사람(24.9%), 북한 사람(15.3%), 동포(9.2%)의 순으로 나타났다.

반면 남한 주민은 북한이탈주민을 다르게 인식하는 것으로 밝혀졌다. 2010년 한국인의 국민정체성 조사 결과에 따르면 1,019명의 남한 주민 응답자 중 43.9%는 북한이탈주민을 북한출신 남한 사람으로, 42.9%는 북한 사람으로, 11.2%는 남한 사람으로, 1.2%는 동포로 인식하고 있다. 즉 북한이탈주민은 자신을 남한 사람으로 인정받고 싶어 하지만 남한 주민은 여전히 북한 사람으로 인식하려는 경향이 조금 더 강하다는 것을 알 수 있다. 하지만 북한이탈주민에 대해 얼마나 가깝게 느끼는가라는 질문에 대해서는 '대한민국 국민에 가깝다'(43.7%) 또는 '대한민국 국민이다'(26.9%)라고 응답한 사람들이 70.7%에 달하는 반면 '완전히 남이다'(5.4%), '남에 가깝다'(23%)라고 응답한 사람들은 28.4%에 그쳐서 한국인은 북한이탈주민에 대해서 대체로 친밀감을 갖는 것으로 나타났다.

남한 주민의 북한이탈주민에 대한 인식에서 최근에 논란이 되고 있는 것은 이들을 다문화주의 관점에서 보아야 하느냐 아니면 남북통일과 민족주의 관점에서 보아야 하는 것이다.[52] 다문화주의 관점에서 보아야 한다고 주장하는 사람들은 북한이탈주민 역시 새로운 환경에 적응해야 하는 이주민이고 이들이 고유한 문화와 정체성을 유지하면서 남한 사회에 적응하는 것이 무조건 남한문화에 동화하는 것보다 바람직하다고 본다. 반면 다문화주의를 반대하는 사람들은 북한이탈주민을 외국계 이주민과 동일시하는 것이 적절치 않다고 주장한다. 북한이탈주민을 다문화주의 관점에서 볼 것인가는 아직 논쟁의 소지가 많고 보다 진지한 숙의가 필요한 의제라고 생각한다. 이런 논쟁에 대해 일반인은 어떻게 생각하는지를 알아보기 위해 북한이탈주민은 외국계 이주민과 혈통이 다르기 때문에 별개의 집단으로 보아야 하는지 아니면 북한이탈주민과 외국계 이주민은 모두 이주민이기 때문에 다문화주의의 관점에서 같이 보아야 하는 지에 대해서 질문하였다. 조사 결과 응답자의 39.7%는 별개의 집단으로 보아야 한다고 답했고 38.7%는 같이 보아야 한다고 답해서 두 가지 견해가 거의 비슷한 지지를 받고

[52] 윤인진, 『북한이주민: 생활과 의식, 그리고 정착지원정책』 (서울: 집문당, 2009).

있는 것으로 나타났다.

북한이탈주민에 대한 남한 주민의 인식과 태도에 영향을 주는 중요한 요인 중의 하나는 이들에 대한 정착지원에 대한 부담감과 다른 소외계층과의 형평성 문제이다. 북한이탈주민에 대한 정부의 정착지원이 우리나라의 다른 소외계층에 비교해서 지나치게 많다고 생각하는가라는 질문에 대해 응답자의 31%는 그렇다고 답한 반면 20.8%는 그렇지 않다고 답해서 부정적인 응답이 다소 많았다.

위와 같은 결과를 종합적으로 검토하면 남한 주민은 북한이탈주민에 대해서 대한민국 국민으로 받아들이기는 하지만 여전히 북한출신이라는 꼬리표를 붙이고, 이들의 정착지원에 대해 약간의 부담감을 느끼고, 이들을 한민족의 일원으로 볼 것인지 아니면 다문화의 관점에서 보아야 할 것인지에 대해 상반된 견해가 공존하는 것으로 정리할 수 있다.

ㅇ 문화변용과 정체성

북한이탈주민을 포함한 모든 형태의 이주민은 모국을 떠나 새로운 거주국에서 살아갈 때 '문화변용'(acculturation)을 경험한다. 베리(Berry)[53]는 소수민족집단 이민자들의 문화변용이 "다른 인종과 민족집단과의 관계를 얼마나 중요하게 여기는가?"와 "자신들의 문화적 특성이나 관습의 유지를 얼마나 중요하게 여기는가?"에 통합, 동화, 고립, 주변화의 네 가지 유형으로 분류된다고 지적하였다.

2010년 북한이탈주민정착실태조사에서는 북한이탈주민의 문화변용

53) John Berry, "Finding Identity: Segregation, Integration, Assimilation, or Marginality?" in *Ethnic Canada: Identities and Inequalities*, ed. Leo Driedger, (Toronto: Copp Clark Pitman, 1987), pp.223~239.

과 정체성의 수준과 내용을 파악하기 위해 북한의 문화와 북한 주민으로서의 정체성에 대한 태도를 측정하는 문항 8개, 남한의 문화와 남한 주민으로서의 정체성에 대한 태도를 측정하는 문항 8개를 사용하였다. (〈표 5〉 참조)

조사 결과, 북한이탈주민의 남한문화 및 정체성 수용 수준은 평균 4.19점(표준편차 .53점)이었고, 모든 문항에서 척도의 중간치인 3.0점을 넘어서(최저 3.65점~최고 4.36점) 이들이 남한문화를 받아들이고, 남한 주민과 친하게 지내려고 노력하고, 남한 주민으로서의 정체성을 가지려는 자세가 강하다는 것을 확인할 수 있다. 예를 들어, '나는 진정한 남한 사람이 되려고 노력하고 있다'는 진술에 대해 응답자의 2.7%만이 동의하지 않고 87%는 동의할 정도로 남한 사람이 되고 인정받고자 많은 노력을 하는 것을 알 수 있다.

반면, 이들이 북한문화와 북한 주민 정체성에 대한 질문들에는 보통 이하(평균 2.64점, 표준편차 .68점)로 응답하고 있어 북한문화와 정체성을 유지하려는 태도가 약한 것을 확인할 수 있다. 예를 들어, '나는 자식들이(여기서 같이 산다면) 북한의 풍습을 잊지 않도록 가르치겠다'는 진술에 대해 23%가 동의한 반면 58%는 동의하지 않았다. 특히 북한출신자끼리 북한식 말투를 사용하는 것을 꺼려하며, 북한의 지식과 문화를 별로 가치 없는 것으로 인식해서 가능하면 잊으려고 노력하고 있는 것으로 드러났다. 하지만 '지금 남한에서 살고 있지만 나의 정신적 뿌리는 북한이라는 생각을 잊은 적이 없다'는 진술에 대해 동의한 사람들이 39%, 동의하지 않은 사람들이 39%로 차이가 없는 것으로 나타났다. 이런 결과는 비록 대다수의 북한이탈주민이 북한이 싫어서 탈출했고 북한에 비교해서 남한의 문물과 생활양식을 높게 평가하지만 자신이 북한출신이라는 점은 부정할 수 없다는 것을 보여준다. 그리고 북한문화/정체성에 대한 태도와 남한문화/정체성에 대한 태도 간의 상관관계를 조사해보았더니 상관관계 계수가 r=-.08로서 크기도 작았고 통계적으로도 유의미하지 않았다. 이런 결과는 양쪽의 문화/정체성 간에 어느 한쪽을 지지한다고 해서 다른 쪽을 부정하는 것은 아니라는 뜻으로 해석할 수 있다.

〈표 5〉 북한과 남한의 문화와 정체성에 대한 태도 (단위: %, 점)

문 항	① 전혀 그렇지 않다	② 그렇지 않은 편이다	③ 보통이다	④ 그런 편이다	⑤ 매우 그렇다	차이	평균 점수
1. 지금 남한에서 살고 있지만 나의 정신적 뿌리는 북한이라는 생각을 잊은 적이 없다	21.1	17.9	22.1	26.3	12.6	-0.2	2.91
2. 나는 북한에서 배운 지식과 기술이 가치 있다고 생각한다	30.4	26.9	21.6	16.2	4.8	-36.3	2.38
3. 나는 진정한 남한 사람이 되려고 노력하고 있다	0.9	1.8	10.1	40.4	46.7	84.4	4.30
4. 나는 자식들이(여기서 같이 산다면) 북한의 풍습을 잊지 않도록 가르치겠다	30.7	26.8	19.7	15.5	7.4	-34.6	2.42
5. 나는 북한 출신자들과 계속 긴밀한 관계를 유지하려고 노력 하겠다	24.6	25.4	27.5	17.1	5.3	-27.6	2.53
6. 나는 남한에서 경험한 새로운 생활이 매우 유익하고 재미있다고(있을 것이라고) 생각한다	1.1	3.5	21.2	47.0	27.3	69.6	3.96
7. 북한에 남아 있는 전통적인 미풍양속은 계속 발전시켜야 한다고 생각한다	11.1	16.7	31.1	29.3	11.9	13.5	3.14
8. 나는 북한에서의 삶을 자주 떠올리며 그리워한다	18.8	21.0	25.7	26.4	8.2	-5.2	2.84

9. 나는 북한 출신자끼리 만난 자리에서는 북한식 말투를 써야 한다고 생각한다	36.9	35.1	17.0	8.6	2.4	-60.9	2.05
10. 나는 남한 사회에서 고유하게 발전된 생활양식을 받아들이겠다	0.5	1.3	13.2	45.8	39.3	83.3	4.22
11. 나는 일상생활에서 남한식 말투를 사용하려고 노력하겠다	1.4	2.9	9.5	38.8	47.4	81.8	4.28
12. 북한 출신 사람들의 모임에 나가면 마음이 편안해진다	15.2	21.3	35.5	21.7	6.3	-8.6	2.82
13. 나는 자녀들이(여기에서 같이 살거나 산다면) 남한 사회의 문물을 잘 받아들이도록 해 주겠다	1.3	1.0	9.2	37.7	50.8	86.3	4.36
14. 나는 남한 사회에 대한 지식들을 즐거운 기분으로 배우려고 한다	0.4	0.8	9.3	41.3	48.2	88.2	4.36
15. 나는 새롭게 사귄 남한 사람들과 허물없이 친하게 지내려고 노력하겠다	0.9	1.9	9.5	41.9	45.8	84.8	4.30
16. 나는 남한 사람들과 어울리는 경우에도 어색하거나 낯선 느낌이 들지 않는다	6.9	10.6	20.3	34.5	27.7	44.7	3.65

주 1) '차이'는 긍정적 응답의 합('매우 그렇다'+'그런 편이다')에서 부정적 응답의 합('전혀 그렇지 않다'+'그렇지 않은 편이다')을 뺀 값으로 그 값이 클수록 해당 문항에 동의하는 정도가 큰 것으로 해석한다.

주 2) 위의 문항 1, 2, 4, 5, 7, 8, 9, 12는 북한문화와 정체성과 관련된 것이고, 문항 3, 6, 10, 11, 13, 14, 15, 16은 남한문화와 정체성과 관련된 것임.

베리의 문화변용 모델을 사용해서 북한이탈주민의 북한문화/정체성 유지 수준과 남한문화/정체성 수용 수준을 조합하여 통합형, 동화형, 고립형, 주변화형으로 유형화하였다. 여기서 북한문화/정체성과 남한문화/정체성 수준의 중간점으로 응답 범주의 '보통'에 해당했던 점수 3점을 기준으로 그것보다 작으면 '약함'으로, 그것보다 크면 '강함'으로 구분하였다. 〈표 6〉에서 보듯이 통합형은 북한문화/정체성과 남한문화/정체성 수준이 둘 다 강한 경우이고, 동화형은 북한문화/정체성은 약한데 남한문화/정체성은 강한 경우이다. 고립형은 북한문화/정체성은 강한데 남한문화/정체성은 약한 경우이고, 주변화형은 북한문화/정체성과 남한문화/정체성이 둘 다 약한 경우이다. 이와 같은 유형에 따라 응답자들을 분류한 결과 동화형이 전체 응답자의 65.6%로 가장 많았고, 그 다음으로 통합형(33.3%), 주변화형(0.9%), 고립형(0.2%)으로 나타났다. 이런 결과는 앞서 〈표 5〉에서 북한과 남한의 문화와 정체성에 대한 16개의 문항들을 개별적으로 살펴보았을 때 나타난 결과와 일치하는 것으로 일반적으로 북한이탈주민이 남한의 문화를 수용하고 남한 주민으로서의 정체성을 가지려고 한다는 것을 의미한다.

〈표 6〉 북한이탈주민의 문화변용과 정체성 유형(단위: 명, %)

		북한문화정체성	
		강함	약함
남한문화 정체성	강함	통합형 379(33.3)	동화형 746(65.6)
	약함	고립형 2(.2)	주변화형 10(.9)

o 상호 인식

2010년 북한이탈주민정착실태조사에서는 북한이탈주민이 자신과 남한 주민에 대해 어떤 이미지를 갖는가를 조사하기 위해 독일 알렌스바흐 여론조사연구소가 사용했던 이미지에 대한 형용사들 외에도 추가로 채정민(2003)이 한국적 상황을 반영하기 위해 개발한 총 21개의 형용사들을 사용하여 북한이탈주민이 남한 주민과 자신의 이미지를 어떻게 인식하는지를 살펴보았다. 조사 결과, 북한이탈주민은 남한 주민의 이미지에 대해 비교적 긍정적으로 평가했다. 주된 긍정적 평가로는 '친절하다'와 '적극적이다'의 경우 3.8점(5점 척도, 점수가 높을수록 긍정적임), '단정하다', '근면하다', '개방적이다'의 경우 3.7점 등이었다. 하지만 '경쟁적이다'의 경우에 4점을 주어서 남한 주민이 상당히 경쟁적인 사람이라고 인식하고 있다. 그리고 '진실하다'(3점), '믿을만하지 않다'(2.9점), '피상적이다'(3.1점), '권위적이다'(3.1점) 등의 인상에 대해서도 보통 정도로 평가해서 특별히 긍정적이거나 부정적인 인식을 갖고 있지 않다. 따라서 북한이탈주민은 친절성, 근면성, 합리성, 적극성 등과 같은 측면에서는 남한 주민을 좋게 평가를 하지만 진실성과 신뢰성에 대해서는 그다지 좋게 평가하지 않는 것으로 볼 수 있다. 이런 조사 결과는 북한이탈주민이 남한 주민을 처음 대할 때는 친절하고 도움을 줄 것 같은 인상을 받다가도 막상 도움을 청하면 언제 그랬냐 하듯이 모른 척 하거나 또는 남한에서는 누구에게 의존하지 말고 스스로 일어서야 한다고 충고하는 것을 들으면서 남한 사람은 겉과 속이 다르구나 하고 느끼는 것과 같은 맥락이다.

남한 주민 이미지에 관한 형용사들을 사용해서 북한이탈주민이 자신에게 어떤 이미지를 갖는지를 조사한 결과 이들은 남한 주민에 비교해서 다소 떨어지는 중간 정도의 평가를 했다. 자신들의 특징적 이민지로 강하게 동의하는 것은 '거칠다'(3.6점), '깔끔하다'(3.6점), '단정하다'(3.5점), '자기에게 관심을 둔다'(3.4점), '지적이다'(3.4점), '경쟁적이다'(3.4점), '적극적이다'(3.4점) 등이다. 반면 자신들의 이미지와 잘 부합하지 않는다고 생각하는 것은 '안락해 보인다'(2.5점), '관료적이다'(2.6점), '개방적이다'(2.8점), '유쾌해 보인다'(2.8점) 등이다.

북한이탈주민이 남한 주민과 북한이탈주민 이미지에 대한 인식의 차이를 비교하기 위해 〈표 7〉에서 각 이미지에 주어진 평균 점수의 차이를 비교했다. 그 결과 대부분의 문항들에서 남한 주민을 북한이탈주민보다 더 긍정적으로 평가했다. 예를 들면, '친절하다'와 '개방적이다'의 경우 남한 주민에게 각각 3.8점과 3.7점을 주었다면 북한이탈주민에게는 각각 2.9점과 2.8점을 주어서 평균 1점에 가까운 차이를 보였다. 특히 '거칠다'라는 문항에서는 남한 주민에게 2.4점을 준 반면 북한이탈주민에게는 3.6점을 주어 평균 점수 차이가 1.2로 벌어졌다. 반면 진실성과 신뢰성에서는 북한이탈주민을 남한 주민보다 더 긍정적으로 평가했다. 이런 결과는 북한이탈주민이 통상적으로 자신들의 성격을 이야기하면서 비록 세련되지 못하고 직설적인 면은 있지만 의리가 있고 진실하다는 것과 일치한다.

〈표 7〉 북한이탈주민의 남한 주민과 북한이탈주민 이미지에 대한 인식 비교 (단위: %, 점)

문항	남한 주민 이미지		북한이탈주민 이미지		두 집단 이미지 비교
	차이	평균 점수(A)	차이	평균 점수(B)	평균점수 차이(A-B)
1. 자기에 관심을 많이 둔다	56.4	3.7	35.6	3.4	0.3
2. 단정하다	55.2	3.7	41.5	3.5	0.2
3. 친절하다	66.8	3.8	-8.1	2.9	0.9
4. 근면하다	58.3	3.7	8.3	3.1	0.6
5. 지적이다	49.7	3.6	33.8	3.4	0.2
6. 개방적이다	53.0	3.7	-15.8	2.8	0.9
7. 유쾌해 보인다	49.3	3.6	-18.6	2.8	0.8
8. 자비심이 많다	36.3	3.4	1.5	3.0	0.4
9. 진실하다	-0.9	3.0	17.4	3.2	-0.2
10. 안락해 보인다	16.4	3.2	-42.5	2.5	0.7
11. 돈에 인색하다	41.6	3.5	3.2	3.0	0.5

12. 관료적이다	-27.6	2.7	-28.5	2.6	0.1
13. 믿을만하지 않다	-6.7	2.9	1.4	3.0	-0.1
14. 피상적이다	6.5	3.1	-4.7	2.9	0.2
15. 불만족해 보인다	-18.4	2.8	21.2	3.2	-0.4
16. 깔끔하다	47.7	3.6	44.5	3.6	0
17. 합리적이다	45.1	3.5	9.3	3.1	0.4
18. 권위적이다	6.6	3.1	-1.8	3.0	0.1
19. 경쟁적이다	70.7	4.0	35.2	3.4	0.6
20. 적극적이다	64.8	3.8	33.9	3.4	0.4
21. 거칠다	-47.3	2.4	45.7	3.6	-1.2

남한 주민이 북한이탈주민에 대해 갖는 긍정적 또는 부정적 평가는 2010년 한국인의 갈등의식 조사를 통해 측정하였다. 문항은 북한이탈주민이 통일에 기여하는지, 경제발전에 기여하는지, 세금 부담을 증가하는지, 사회문제를 증가하는지, 주거지역의 질을 떨어뜨리는지, 범죄율을 증가하는지에 대해서 질문하고 5점 척도로 측정하였다. 조사 결과 6개의 문항 중에서 4개 문항에 대해서 부정적인 평가를 했다. 구체적으로 북한이탈주민이 남한 주민으로 하여금 북한 사회를 이해하고 통일 후 남북한 통합을 촉진하는데 기여한다고 생각하는 응답자는 26.5%인데 비해 그렇지 않다고 생각하는 응답자는 32.7%로서 오히려 반대 의견이 많았다. 그리고 북한이탈주민은 노동력을 제공하여 경제발전에 기여한다고 생각하는 응답자는 22.7%인데 비해 그렇지 않다고 생각하는 응답자는 31%로 부정적 평가가 많았다. 특히 북한이탈주민의 지속적인 증가가 국민의 세금부담을 증가한다고 생각하는 응답자는 43.4%인데 비해 그렇지 않다고 생각하는 응답자는 16.2%에 불과했다. 또한 북한이탈주민의 지속적인 증가는 실업, 일탈 등의 사회문제

를 증가한다고 생각하는 응답자도 그렇지 않은 응답자보다 많았다. 이런 결과는 남한 주민이 북한이탈주민의 지속적인 증가해서 남한 주민에게 경제적 부담이 되는 것을 달가워하지 않는다는 것을 보여준다. 하지만 북한이탈주민이 많이 사는 지역이 지저분하다든지 북한이탈주민이 늘어나면 범죄율이 올라간다든지 하는 문항에 대해서는 긍정보다는 부정하는 의견들이 많았다. 이런 결과는 다수의 남한 주민은 북한이탈주민의 문제를 주로 경제적인 측면에서 우려하지만 그렇다고 해서 범죄나 일탈의 문제로까지 생각해서 기피하려고 하지는 않는다고 해석할 수 있다.

〈표 8〉 북한이탈주민의 기여와 문제점에 대한 남한 주민의 평가 (단위: %, 점)

문항	① 매우 동의하지 않는다	② 대체로 동의하지 않는다	③ 보통이다	④ 대체로 동의한다	⑤ 매우 동의한다	차이	평균 점수
1. 북한이탈주민은 남한 주민이 북한 사회를 이해하고 통일 이후에 남북한 통합을 촉진하는데 기여한다	3.8	28.9	40.7	24.6	1.9	-6.2	2.92
2. 북한이탈주민은 노동력을 제공하여 경제발전에 기여한다	2.8	28.2	46.2	21.4	1.3	-8.3	2.9
3. 북한이탈주민의 지속적인 증가는 국민의 세금부담을 증가시킨다	1.8	14.4	40.4	36.5	6.9	27.2	3.32
4. 북한이탈주민의 지속적인 증가는 실업, 일탈 등의 사회문제를 증가시킨다	1.8	17.6	47.1	29.5	4.0	14.1	3.16
5. 북한이탈주민들이 많이 사는 지역은 지저분하다	3.1	27.8	51.5	15.4	2.1	-13.4	2.86
6. 북한이탈주민들이 늘어나면 범죄율이 올라간다	3.5	30.1	52.4	12.7	1.4	-19.5	2.78

자료: 한국인의 갈등의식조사

북한이탈주민의 이미지에 관한 21개의 문항 중에서 북한이탈주민의 긍정적인 이미지로 동의하는 비율이 비교적 높았던 것들은 '근면하다'와 '지적이다'에 그쳤고 나머지 긍정적 이미지들에 대해서는 동의하는 비율이 낮았다. 특히 '개방적이다', '유쾌해 보인다', '자비심이 많다', '안락해 보인다', '친절하다', '진실하다', '합리적이다'등에 대해서는 동의하지 않는 비율이 매우 높았다. 반면 북한이탈주민의 부정적 이미지로 동의하는 비율이 높았던 것들은 '돈에 인색하다', '불만족해 보인다', '권위적이다'등이다. 전체적으로 남한 주민은 북한이탈주민이 남한 사회에 잘 적응하지 못하고 있다고 판단해서 그런지 이들이 편안하고 친근한 존재라고 인식하고 있지 않고 있다.

〈표 9〉 북한이탈주민의 이미지에 대한 남한 주민의 인식 (단위: %, 점)

문항	① 매우 동의하지 않는다	② 대체로 동의하지 않는다	③ 보통이다	④ 대체로 동의한다	⑤ 매우 동의한다	차이	평균 점수
1. 자기에 관심을 많이 둔다	1.2	21.1	52.8	22.4	2.5	2.6	3.04
2. 단정하다	1.7	22.2	53.4	21.0	1.7	-1.2	2.99
3. 친절하다	2.2	29.0	48.7	19.2	0.8	-11.2	2.87
4. 근면하다	1.8	16.4	38.9	40.5	2.4	24.7	3.26
5. 지적이다	1.8	22.9	57.0	17.3	1.0	-6.4	2.93
6. 개방적이다	8.4	49.3	32.6	8.9	0.9	-47.9	2.45
7. 유쾌해 보인다	9.2	47.9	33.4	9.0	0.5	-47.6	2.44
8. 자비심이 많다	6.6	42.1	42.9	8.9	0.5	-39.3	2.56
9. 진실하다	3.7	29.5	51.6	14.1	1.1	-18.0	2.79
10. 안락해 보인다	9.2	45.8	38.3	6.4	0.4	-48.2	2.43
11. 돈에 인색하다	1.7	15.4	42.9	32.9	7.1	22.9	3.28
12. 관료적이다	3.1	27.1	54.4	13.6	1.7	-14.9	2.84

13. 믿을만하지 않다	2.2	22.7	53.0	18.7	3.0	-3.2	2.98
14. 피상적이다	2.6	22.7	55.8	16.6	2.2	-6.5	2.93
15. 불만족해 보인다	2.2	19.7	45.1	29.1	3.4	10.6	3.12
16. 깔끔하다	1.9	23.7	58.3	14.9	1.2	-9.5	2.90
17. 합리적이다	1.8	23.4	62.9	11.2	0.6	-13.4	2.85
18. 권위적이다	3.6	32.5	49.2	13.6	1.1	-21.4	2.76
19. 경쟁적이다	2.0	25.0	47.8	22.8	2.3	-1.9	2.98
20. 적극적이다	1.7	20.8	53.7	21.3	2.5	1.3	3.02
21. 거칠다	1.3	21.6	53.6	18.8	4.8	0.7	3.04

자료: 2010년 한국인의 갈등의식조사

4) 유대 관계

ㅇ 북한이탈주민에 대한 친밀감

2014년 북한이탈주민에 대한 국민인식과 차별실태조사에서 북한이탈주민에 대해 일반국민이 갖는 친밀감을 측정한 결과 약간의 거리감을 느끼는 수준(보통인 3점보다 높은 3.3점)으로 가깝다고 느끼는 사람들(18.2%)보다 거리감을 느끼는 사람들(42.3%)이 더 많았다. 다른 소수자들, 예를 들어 외국에 사는 재외동포, 국내에 사는 조선족 동포, 외국인 노동자, 결혼이민여성과 비교하면 상대적으로 일반국민은 북한이탈주민에 대해 약간 가깝다고 느낀다. 특히, 일반국민은 외국인 노동자에 대해서 가장 크게 거리감을 느끼고 그 다음으로 조선족 동포, 외국에 사는 재외동포, 결혼이민여성의 순서로 거리감을 느낀다. 비록 다른 소수자들에 비교해서 나은 처지에 있다고 하더라도 여전히 일반국민은 북한이탈주민에 대해 심리적으로 거리감을 느끼고 있다.

<표 10> 북한이탈주민에 대한 친밀감

	가깝다	보통이다	가깝지 않다	차이	평균(5점척도)
1. 외국국적을 가지고 외국에서 사는 재외동포	18.2	39.4	42.3	-24.1	3.3
2. 중국국적을 갖고 국내에서 사는 조선족 동포	15.6	40.8	43.6	-28.0	3.3
3. 북한이탈주민	19.6	42.6	37.8	-18.2	3.2
4. 외국인 노동자	9.2	33.5	57.4	-48.2	3.6
5. 결혼이민여성	18.5	42.4	39.1	-20.6	3.3

출처: 2014년 북한이탈주민에 대한 국민인식과 차별실태조사

이러한 조사 결과를 2010년 한국인의 국가정체성 조사 결과와 비교하면 대체로 일치된 양상을 보인다.[54] 2010년 조사에서는 일반국민이 국제결혼가정 자녀(3.15점)에 대해서 가장 친밀하게 여기고 그 다음으로 북한이탈주민(2.93점), 결혼이민자(2.9점), 조선족(2.73점), 외국국적 외국거주 재외동포(2.5점), 외국국적 국내거주 재외동포(2.46점), 복수국적자(2.46점), 이주노동자(2.33점)의 순으로 친밀감을 가졌다. 이런 일반국민의 인식에서 나타나는 양상은 대한민국 국민인 사람에 대해서 더욱 친밀한 감정을 갖고 비국민인 사람에 대해서는 거리감을 갖는 것이다. 북한이탈주민, 국제결혼가정 자녀, 결혼이민자들은 대한민국 국민이라는 공통점을 갖고 있어서 이들에 대해서 친밀감이 높지만 재외동포, 조선족, 특히 이주노동자는 비국민이기 때문에 거리감이 상대적으로 크다.

[54] 윤인진, "민족에서 국민으로: 재외동포, 북한이탈주민, 외국인 이주민에 대한 인식변화," 강원택, 이내영 편, 『한국인, 우리는 누구인가? 여론조사를 통해 본 한국인의 정체성』 (서울: 동아시아연구원, 2011).

〈표 11〉 국내 거주 다문화적 소수자집단에 대한 친밀감

	남이다	대한민국 국민이다	차이	평균 (5점척도)
1. 외국국적 외국거주 재외동포	3.7	45.9	-42.2	2.5
2. 외국국적 국내거주 재외동포	4.2	44.7	-40.5	2.46
3. 조선족	9.5	60.0	-50.5	2.73
4. 북한이탈주민	8.4	70.7	-62.3	2.93
5. 이주노동자	0.8	38.2	-37.4	2.33
6. 결혼이민자	9.4	70.2	-60.8	2.9
7. 국제결혼가정 자녀	8.7	80.9	-72.2	3.15
8. 복수국적자	5.3	43.0	-37.7	2.46

출처: 2010년 한국인의 국가정체성 조사[55)]

소수집단에 대해 다수집단이 느끼는 거리감을 측정하는 대표적인 척도인 보가더스 척도를 활용해서 북한이탈주민에 대해 일반국민이 갖는 사회적 거리감을 측정하면 앞서 확인한 심리적 거리감과 마찬가지로 보통보다 높은 수준의 거리감을 느낀다(5점 척도에서 3.3점). 여러 가지 일상생활에서 부딪힐 수 있는 상황들에서 일반국민은 일관되게 북한이탈주민과 관계를 맺는 것을 좋아하기보다 꺼려하는 것으로 나타난다. 특히, 옆자리에서 일하는 동료가 되는 것에 대해 가장 꺼려하고 그 다음으로 이웃하여 살게 되는 것을 꺼려한다. 심지어 그냥 알고 지내는 사이가 되는 것조차 꺼려하는 사람들이 그렇지 않은 사람들보다 많다. 하지만 보가더스의 사회적 거리감 척도에서 통상적으로 가

55) 국내 거주 소수자집단에 대한 친밀감을 묻는 문항은 "국내에 살고 있는 다음 집단에 대해 얼마나 가깝게 느끼십니까?"였다. 이에 대한 응답은 ① 완전히 남이다, ② 남에 가깝다, ③ 대한민국 국민에 가깝다, ④ 대한민국 국민이다로 측정했다. '완전히 남이다'와 '남에 가깝다'를 '남이다'로, '대한민국 국민에 가깝다'와 '대한민국 국민이다'로 묶었다. 평균값은 클수록 친밀감이 큰 것을 의미한다.

〈표 12〉 북한이탈주민에 대한 사회적 거리감

	그렇다	보통이다	그렇지 않다	차이	평균 (5점척도)
1. 나는 북한이탈주민과 그냥 알고 지내는 사이가 되는 것을 꺼리게 될 것 같다	17.8	29.7	52.5	-34.7	3.4
2. 나는 북한이탈주민이 내가 속한 동호회에 가입하는 것을 꺼리게 될 것 같다	16.5	31.1	52.3	-35.8	3.4
3. 나는 북한이탈주민과 이웃하여 살게 되는 것을 꺼리게 될 것 같다	15.4	27.9	56.7	-41.3	3.5
4. 나는 북한이탈주민이 바로 옆자리에서 일하는 동료가 되는 것을 꺼리게 될 것 같다	12.2	29.9	57.9	-45.7	3.6
5. 나는 북한이탈주민과 친한 친구가 되는 것을 꺼리게 될 것 같다	16.4	31.9	51.4	-35.0	3.4
6. 나는 북한이탈주민이 내 가족의 배우자가 되는 것을 꺼리게 될 것 같다	34.1	38.8	27.1	-7.0	2.9

출처: 2014년 북한이탈주민에 대한 국민인식과 차별실태조사

장 거리감이 큰 경우인 가족의 배우자가 되는 것에 대해서는 꺼려하는 비율이 가장 낮고 거리감의 평균이 2.9점으로 보통 수준보다 낮다. 이런 경우는 매우 특별한 것으로 후속연구에서 주목할 필요가 있다. 한 가지 가능한 해석은 최근 남한 남성들 중에 북한이탈주민 여성을 배우자로 받아들이는 것에 대해 긍정적인 여론이 형성되는 것과 관련이 있다고 본다.

Ⅳ. 결론과 정책 제언

본 연구에서 필자는 북한이탈주민이 한국 사회에 본격적으로 정착한지 20년이 지나고 이제는 이탈주민이 아닌 남한 주민으로 자리 잡아야 하는 시점에서 적응의 관점에서 통합의 관점으로 연구와 정책의 방향이 재정립해야 한다고 주장했다. 그리고 북한이탈주민의 사회통합의 실태를 객관적이고 체계적으로 측정하기 위해 북한이탈주민 사회통합 지수 모델을 제안했다. 아직 이러한 사회통합 지수를 사용해서 실태조사를 실시하지 않았기 때문에 본 연구에서는 선행연구와 실태조사 결과들을 사용해서 전반적인 사회통합 현황을 점검했다.

사회적응 실태와 관련해서는 북한이탈주민들은 자신들의 사회적응 수준을 긍정적으로 평가하는 것으로 나타났다. 구체적으로 일반국민들과 어울리고, 남한 사회의 법 · 제도에 적응하고, 남한문화에 적응하는데 큰 어려움은 없는 것으로 보인다. 다만, 적성에 맞는 일자리를 찾지 못해 경제적인 어려움이 크거나, 고향에 대한 그리움과 북한에 있는 가족에 대한 걱정 혹은 죄책감을 가지고 있는 것으로 나타났다.

기회평등과 관련해서는 북한이탈주민들은 한국 사회에서 광범위한 차별과 멸시를 경험하는 것으로 나타났다. 특히, 고용, 직장 등 경제분야에서의 차별이 가장 심한 것으로 보고되었다. 차별은 사회적응을 어렵게 만드는 장애요인이며 생활만족도를 떨어뜨리는 원인으로 작용하고 있다.

소속감과 관련해서는 북한이탈주민은 자신을 남한 사람이라는 점에 방점을 두는 반면 일반국민은 북한이탈주민을 북한 사람이라는 점에 방점을 두어 차이를 보였다. 북한이탈주민은 남한의 문화와 풍습, 남한 주민과의 관계에 대해서 긍정적인 태도를 보이고 남한의 사회문화에 동화하고 남한 사람으로 인정받으려는 태도를 강하게 갖고 있다. 비록 경제적 측면에서는 여전히 어려움을 겪고 있지만 그것을 극복하려는 의지가 강한 것으로 나타났다.

유대관계와 관련해서는 북한이탈주민과 일반국민 간의 접촉과 교류는 매우 미미하고 대부분의 일반국민은 매스미디어를 통해 간접적으로 북한이탈주민에 대한 피상적인 인상과 이미지를 형성하게 된다. 일반국민은 북한이탈주민에 대해 관심이 거의 없고, 신뢰하거나 친밀한 존재로 인식하지 않고 있다. 일반국민은 북한이탈주민을 비록 차별하려는 의도는 별로 없지만, 동등하게 대우하려는 의도도 없으며, 이들과 관계 맺기를 꺼려한다.

이러한 측면들을 고려할 때 북한이탈주민의 사회통합에서 체제통합에 속하는 사회적응과 기회평등 영역에서의 문제보다 가치통합에 속하는 소속감과 유대관계에서 더욱 심각한 문제가 나타나고 있는 것으로 볼 수 있다. 그런데 체제통합과 가치통합이 독립적인 것이 아니라 실제로는 긴밀히 연관되어 있어서 어느 한쪽을 먼저 해결한다기보다 동시에 개선방안을 모색해야 할 필요가 크다. 따라서 앞으로의 정부정책은 한편으로는 북한이탈주민의 물적 토대를 강화하는 정착지원을 지속해야 하지만 마음의 통합이라고 할 수 있는 소속감과 유대관계를 개선하려는 노력을 배가해야 할 것이다.

끝으로, 본 연구의 결과에 기초하여 북한이탈주민과 일반국민 간의 사회통합, 특히 가치통합을 위한 정책 제언을 하고자 한다.

첫째, 북한이탈주민의 사회통합에서 절대적으로 중요한 파트너가 일반국민이라는 점에서 북한이탈주민에 대한 일반국민의 인식 개선 노력이 필요하다. 이를 위해 정부와 시민사회는 북한이탈주민이 귀찮고 부담되는 존재가 아니라 유익하고 긍정적 기여를 하고 있는 사례들을 적극적으로 홍보함으로써 이들이 우리 사회의 '생산적 기여자'임을 강조할 필요가 있다.

둘째, 북한이탈주민이 일반국민과의 관계에서 어려움을 겪는 주된 원인이 상호인식과 문화적 차이라는 점에 기초하여 북한이탈주민으로 하여금 남한 주민의 사고방식과 행동양식, 조직생활의 원리, 대인관계의 원리 등에 대해서 학습할 수 있는 기회를 확대해야 한다. 현재 많은 북한이탈주민들이 직업훈련을 받고 있지만 대부분 기술적이고 도구적인 측면에 치중하기 때문에 정작 직장생활에 적응하는데 어려움이 큰 것으로 알려졌다. 따라서 직업훈련의 기간을 확대하고 내용을 세분화해서 기본 직업훈련단계에서는 의사소통, 대인관계, 시간관리 등과 같은 사회문화적 교육을 실시하고 이후의 심화 직업훈련단계에서 전공분야의 직업능력교육을 실시하는 것이 바람직하다.

셋째, 북한이탈주민과 일반국민 간의 소통과 교류를 증진할 수 있는 공간과 프로그램(일명 '브릿지 프로그램'(bridge program))을 확보하는 노력이 필요하다. 기존의 북한이탈주민 지원사업들은 북한이탈주민만을 별도의 대상으로 하는 경우가 많았다. 이로 인해 일반국민들은 북한이탈주민에 대한 이해와 공감대가 부족해지고 역차별 또는 형평성 문제를 제기하게 되었다. 따라서 편견 해소 방안으로 잘 알려진 '접촉가설'의 전제조건인 상위의 공통 목표를 위해 동등한 지위에서 지속적으로 교류하고 협력할 수 있는 여건을 마련하는 것이 필요하다. 실제로 성공적인 북한이탈주민과 일반국민 간의 주민통합 사업들을 살펴보면 공통적으로 북한이탈주민이 사업의 수혜자에 머무는 것이 아니라 일반국민과 동등한 지위에서 상위의 공통 목표를 달성하기 위해 지속적으로 교류하고 협력하는 사업을 진행했다. 대표적으로 "여성인권을 지원하는 사람들"이 추진했던 "남북여성합창프로젝트 '너와나, 우리의 목소리'" 사업에서는 남북한 여성들이 합창을 통해 서로를 이해하고 공연에 참여하면서 서로가 주체적이고 능동적인 역할을 수행하였다.[56] 2014년 10월 현재 서울시는 북한이탈주민에 대한 부정적인 인식을 개선하고 친근하고 밝은 이웃으로 수용하기 위한 일환으로 일반국민을 대상으로 청소년 다큐영화인 우리 가족을 자치구를 순회하면서 상영 중이다.

넷째, 정부는 북한이탈주민을 둘러싼 시대적 환경과 일반국민의 인식 변화에 능동적으로 대응하는 정착지원정책의 논리와 지원방안을 개발해야 한다. 지금까지 정부의 북한이탈주민정책은 북한이탈주민을 '통일 역군'으로 보는 시각과 '이주민'으로 보는 시각 사이에서 진동하였지만 점차 '이주민' 시각에 기반을 둔 지원정책으로 옮겨가고 있다고 평가한다. 과거 보상적이고 시혜적 차원에서 지급하던 정착금과 보로금을 대폭 줄이고 자립 정착 의지를 제고하기 위해 직업훈련장려금, 고용지원금 등을 늘린 것은 이주민으로 뿌리내리도록 하기 위한 것이라고 생각한다. 과거에 비교해서 북한이탈주민에 대한 사회적 태도가 냉담해지고 사회 소외계층과의 형평성 문제가 제기되는 상황에서 정부정책이 국민적 공감대와 지지를 얻기 위해서는 '통일 역군' 시각을 부각해서는 실효를 거두기 어려울 것으로 판단한다. 대신 새로운 환경에 적응하는데 준비 기간이 필요한 이주민으로서의 최소한의 물적 토대를 제공하는 것이 필요하다는 시각이 국민적 공감대와 지지를 얻기 쉬울 것으로 생각한다. 따라서 북한이탈주민의 입국이 상시화 되고 국내 거주 인구가 날로 증가하는 현 상황에서 이들을 더 이상 '특별한 사

56) 윤인진, 박윤숙, 송영호, 『2011 북한이탈주민지원재단 민간공모사업(프로그램) 효과성 평가에 관한 연구』 북한이탈주민지원재단 보고서, (2011).

람'으로 취급하여 별도의 지원체계를 갖추기보다 '이주민'으로 대우하여 점진적으로 일반 복지서비스 체계로 편입하는 것이 바람직하다. 그리고 북한이탈주민은 일반국민과 동등한 의무와 사회적 책임을 다할 때 한국 사회의 당당한 구성원이 될 수 있다는 점을 강조하여 의무와 권리, 책임과 권한의 양자를 함께 추구하는 방향으로 정부 정책이 수립되어야 할 것이다.

참 고 문 헌

강주원. “탈북자 소수집단에 대한 남한사회의 구별 짓기.” (서울: 한양대학교 석사학위논문, 2003).

고상두. “통일 이후 사회통합 수준에 대한 동서독 지역주민의 인식.” 『유럽연구』 제28권 제2호, (2010).

국가인권위원회. 『국내탈북자의 인권상황 개선에 관한 연구』 (서울: 국가인권위원회, 2005).

______. 『탈북여성의 탈북 및 정착과정에서의 인권침해 실태조사』 (서울: 국가인권위원회, 2009).

권금상. “대중매체가 생산하는 ‘이주여성’ 재현의 사회적 의미: 결혼이주민과 북한이탈주민 TV 프로그램을 중심으로.” 『다문화사회연구』 제6권 제2호, (2013).

권숙도. “사회통합의 관점에서 본 북한이탈주민 정책방향 연구.” 『한국정치연구』 제23권 제1호, (2014).

김영란. “다문화사회 한국의 사회통합과 다문화주의 정책.” 『한국사회』 제14권 제1호, (2013).

김영만. 『대한민국에 사는 탈북자(새터민)들의 적응실태』 (한국학술정보, 2005).

김영순. “인천 논현동 북한이탈주민 공동체의 경계 짓기와 경계 넘기.” 『로컬리티 인문학』 제12호, (2014).

김은지. “한국 정부 ‘탈북자 합동조사기관에 인권보호관 제도 도입’.” *Voice of America*, 2015년 5월 24일.

김화순. “고학력 북한이탈주민이 인지하는 차별과 직업계층 변화에 대한 인식.” 『통일과 평화』 제2집 제2호, (2010).

김혜숙. “북한 사람에 대한 고정관념, 감정과 태도.” 『한국심리학회지: 사회문제』 제6권 제2호, (2000).

______. “대학생들이 중요시하는 가치와 북한 사람 및 대북 정책에 대한 태도와의 관계에 대한 조사연구.” 『한국심리학회지: 사회 및 성격』 제16권 제1호, (2002).
______. “우리나라 사람들이 가지는 가치가 소수 집단에 대한 편견적 태도에 미치는 영향.” 『한국심리학회지: 사회 및 성격』 제21권 제4호, (2007).
김희정. “이민자 사회통합과 언어교육제도 연구: 네덜란드의 사회통합시험제(inburgeringsexamen)와 한국의 사회통합교육프로그램 이수제를 중심으로.” (서울: 연세대학교 교육대학원 외국어로서의 한국어교육 전공 석사학위논문, 2009).
문형표. “사회통합의 의의 및 정책적 과제.” 『사회복지연구』 제123호, (1994).
문화체육관광부. 『2008 이주민 문화향수실태조사』 (서울: 문화체육관광부, 2008).
박성재. “북한이탈주민의 한국사회 통합제고를 위한 취업지원제도 개선방안.” 『월간 노동리뷰』 10월호, (2012).
북한인권정보센터. 『새터민 정착상황 종합실태조사』 (북한인권정보센터, 2005).
선우현. “다원주의는 사회적 진보의 징표인가? 오늘의 다원주의적 한국 현실과 관련하여.” 『사회와 철학』 제6호, (2003).
설동훈, 김명아. 『한국의 이민자 사회통합 지표 및 지수 개발에 대한 연구』 법무부 연구용역보고서, (2008).
신두철. “북한이탈주민의 사회통합과 민주시민교육.” 2012년 KADE-KAS 추계학술회의 발표논문, (2012).
신미녀. “남한주민과 북한이탈주민 상호 인식. 북한이탈주민 한국사회 적응 10년, 현주소.” 『제2차 북한이탈주민 자력 구축을 위한 정책 세미나 발표논문 자료집』 국회의원회관, 6월 30일, (2009).
______. “남한주민과 북한이탈주민의 상호인식－한국사회정착에서 제기되는 문제를 중심으로－.” 『북한학연구』 제5권 제2호, (2010).
심진섭. “남북통일과 남북한 주민들에 대한 이미지.” (서울: 고려대학교 대학원 박사학위논문, 1995).
유지웅. “북한이탈주민의 ‘사회적 배제’ 연구: 소수자의 관점에서.” (한국학중앙연구원 한국학대학원 박사학위논문, 2006).
윤여상. “북한이탈주민 연구 발전방향.” 북한이탈주민후원회. 『북한이탈주민 연구발전방향 세미나』 발표논문 5월 28일, (2010).
윤여상 외. 『2005년도 새터민 정착실태 연구』 (북한인권정보센터, 2005).
윤인진. “남북한 사회통합과 재외동포의 역할.” 『통일문제연구』 제12권 제1호, (2000).
______. “북한이주민의 건강과 경제적응의 관계.” 『보건과 사회과학』 제21집, (2007).
______. “북한이주민의 사회적응 실태와 정착지원방안.” 『아세아연구』 제50권 제2호, (2007).
______. 『북한이주민: 생활과 의식, 그리고 정착지원정책』 (집문당, 2009).
______. “민족에서 국민으로: 재외동포, 북한이탈주민, 외국인 이주민에 대한 인식변화.” 강원택, 이내영 편. 『한국인, 우리는 누구인가? 여론조사를 통해 본 한국인의 정체성』 (서울: 동아시아연구원, 2011).
______. “구별짓기 이민자 통합 정책.” 윤인진, 황정미 편, 『한국 다문화주의의 성찰과 전망』 (아연출판부, 2014).
______. “전환기의 북한이탈주민과 사회통합.” 『전환기의 북한이탈주민과 정부정책』 북한이탈주민 정책 공동 학술대회 (남북하나재단 · 아세아문제연구소 HK사업단 공동 주최) 발표논문 6월 4일, (2015).
윤인진, 김숙희. “국내 탈북자의 건강과 의료.” 『보건과 사회과학』 제17집, (2005).
윤인진, 이진복. “소수자의 사회적 배제와 사회통합의 과제: 북한이주민의 경험을 중심으로.” 『한국사회』 제7권 제1호, (2006).
윤인진, 채정민. 『북한이탈주민의 정체성과 남한주민과의 상호인식』 (북한이탈주민지원재단, 2010).
윤인진, 박윤숙, 송영호. 『2011 북한이탈주민지원재단 민간공모사업(프로그램) 효과성 평가에 관한 연구』 북한이탈주민지원재단 보고서, (2011).
윤인진 외. 『북한이탈주민에 대한 국민인식 및 차별실태조사』 (국가인권위원회, 2014).

윤철기. “독일 ‘내적 통합’이 남북한 ‘마음의 통합’에 주는 교훈.” 『현대북한연구』 제17권 제2호, (2014).

이수정. “북한인에 대한 남녀의 편견 연구.” 『한국심리학회지: 여성』 제4권 제1호, (1999).

______. “접촉지대와 경계의 (재)구성: 임대아파트 단지 남북한 출신 주민들의 갈등과 협상.” 『현대북한연구』 제17권 제2호, (2014).

이희영. “새로운 시민의 참여와 인정투쟁: 북한이탈주민의 정체성 구성에 대한 구술 사례연구.” 『한국사회학』 제44권 제1호, (2010).

장동진. “외국인노동자와 한국 민족주의: 자유주의적 민족주의를 통한 포용 가능성과 한계.” 『21세기 정치학회보』 제17권 제3호, (2007).

전경옥 외. 『2011 재한 외국인 사회통합 지표 및 지수 측정』 법무부 출입국외국인정책본부 연구용역과제보고서, (2011).

전성우. “통일독일의 사회통합.” 『남북한 사회통합－비교사회론적 접근』 (민족통일연구원, 1997).

전우영. “남 · 북한 고정관념에 대하 탐색: 성 역학을 중심으로.” 『한국심리학회지: 사회 및 성격』 제13권 제2호, (1999).

전우영, 조은경. “북한에 대한 고정관념과 통일에 대한 거리감.” 『한국심리학회지: 사회 및 성격』 제14권 제1호, (2000).

정진웅. “‘적응’을 넘어서: 탈북 청소년 교육의 새로운 방향 모색.” 『열린교육연구』 제12권 제2호, (2004).

정연중. “북한이탈주민에 대한 남한주민의 인식에 관한 연구.” (서울: 중앙대학교 대학원 사회복지학 석사학위논문, 2003).

정향진. “탈북 청소년들의 감정성과 남북한의 문화심리적 차이.” 『비교문화연구』 제11권 제1호, (2005).

조영아, 전우택. “탈북 여성들의 남한 사회 적응 문제: 결혼 경험자를 중심으로.” 『한국심리학회지: 여성』 제10권 제1호, (2005).

조정아, 임순희, 정진경. 『새터민의 문화갈등과 문화적 통합 방안』 (한국여성정책연구원, 2006).

진미정, 이순형. "새터민의 자아존중감 및 내적귀인성향에 따른 사회문화적 적응." 『대한가정학회지』 제44권 제7호, (2006).

채정민. "북한이탈주민의 남한 내 심리적 문화적응 기제와 적응행태." (서울: 고려대학교 대학원 박사학위논문, 2003).

최대석, 박영자. "북한이탈주민 정책연구의 동향과 과제: 양적 성장을 넘어선 '성찰'과 '소통'." 『국제정치논총』 제51권 제1호, (2011).

허준영. "북한이탈주민 사회통합정책 방안 모색: 서독의 갈등관리에 대한 비판적 검토." 『통일정책연구』 제21권 제1호, (2012).

Berry, John. "Finding Identity: Segregation, Integration, Assimilation, or Marginaltiy?." In Leo Driedger (ed.), *Ethnic Canada: Identities and Inequalities*. Toronto: Copp Clark Pitman, 1987.

Kim, Yoon-Sun and Yoon, In-Jin. "Multiculturalism Is Good, But We Are Not Multicultural: North Korean Defector Students' Perceptions of Multiculturalism." 『한국교육학연구』 제21권 제2호, (2015).

Kreckel, Reinhard. "Social Integration, National Identity and German Unification." In J. T. Marcus (ed.), *Surviving the Twentieth Century*. New Brunswick: Transaction Publisher, 1999.

북한 사회의 변화와 한류

이 우 영

북한대학원대학교 교수

북한 사회의 변화와 한류

Ⅰ. 들어가며

분단으로 두 개의 체제로 나누어진 남북은 독자적인 사회 변화를 경험하였다. 산업화를 통한 근대 국가의 형성이라는 차원에서 보면 남북한 사회 변화에서 공통적 요소도 존재하였지만, 지향하는 이념체계의 차이는 사회 변화 과정의 차별성 또한 크게 만들었다. 또한 남북이 모두 통일을 지향하면서도 경쟁하고 갈등하는 과정에서 분단 상황 자체가 사회 변화의 중요한 요인이 되었다. 이는 남북한 체제 전반에만 적용되는 것이 아니라 하위 체제에도 마찬가지였다. 다시 말해, 분단 상황은 남북한의 정치 · 경제, 사회 · 문화 등 하위 체제 그리고 구조와 행위의 거시적이고 미시적인 차원에 지속적으로 영향을 미쳤다는 것이다.[1] 따라서 사회구조나 행위를 이해하기 위해서는 개별 대상을 독립적으로 연구하는 것은 한계가 있다고 할 수 있다. 즉, 독자적인 남북의 변화과정과 더불어 남북한의 상호작용도 동시에 고려하여야 한다는 것이다.

이 글에서 주목하는 북한의 문화체제도 같은 맥락에서 볼 수 있다. 북한이 건국 이후 사회주의 이념에 따라 문화건설을 추진하면서 문화체제가 구축되었지만, 남한과의 관계도 북한 문화의 형성과 관련이 있다. 즉, 북한 문화의 특징을 이해하기 위해서는 북한 문화의 내적인 변화과정과 더불어 남북 관계를 함께 고찰하여야 한다는 것인데, 내적 요인과 외적 요인을 동시에 살펴보는 것은 북한의 문화 변동에만 적용되는 것은 아니다.[2] 그러나 외부 문화 요인, 특히 북한 문화체제 변동에서 더 나아가 남한 문화 변동 요인의 영향력은 시대별로 차이가 있다는 점을 주목할 필요가 있다. 북한은 기본적으로 강력한 폐쇄 정책을 유지하여 왔고, 분단 이후 대부분의 기간 동안 남북한은 적대적인 관계를 유지하여 왔기 때문에 남한 문화의 영향력은 상대적으로 크지 않았다.[3] 그럼에도 불구하고 북한이 처한 대내외적인 환경 변화와 동구권 및 소련 그리고 중국 등 사회주의 국가가 체제 전환을 겪고, '고난의 행군'으로 상징되는 체제 위기를 겪으면서 북한의 대외 개방의 정도는 점차 확대되어 왔으며, 1990년대의 남북고위급회담 개최와 기

1) 분단효과에 대해서는 김병로, "분단체제와 분단효과: 남북관계의 상호작용 방식과 영향 분석," 『통일문제 연구』 제25권 제1호, (2013), pp.77~112 참조.

2) 일반적인 문화 변동 과정에서도 외부 문화의 접촉은 중요한 변화요인이다. 남한 문화도 마찬가지인데 문화 변동과 외적 요인에 대해서는 강내희, "신자유주의 세계화와 한국의 문화변동," 『중앙대학교 문화콘텐츠기술연구원 학술대회』 (중앙대학교 문화콘텐츠기술연구원 학술대회, 2008. 12), pp.2~17 참조.

3) 이것은 남한도 마찬가지인데 일반 주민이 상대 문화를 향유하는 것은 법적으로 금지되어 있었다. 남북한의 상대 문화에 대한 태도에 대해서는 이우영, 『북한의 자본주의 인식변화』 (서울: 통일연구원, 2000); 이우영, 『북한문화의 수용실태 조사』 (서울: 통일연구원, 2001) 참조.

본합의서 채택 그리고 2000년 정상회담을 계기로 남북 간 교류가 증진되면서 북한 문화 변화에 남북 관계 특히 남한 문화의 영향은 점차 확대되었다고 할 수 있다.[4)]

이 글에서 주목하는 점도 2000년 정상회담 이후 남북 관계가 활성화되면서 북한 문화에 남한 문화가 어떻게 영향을 미쳤는가에 대한 부분이다. 북한은 1990년대 고난의 행군을 경험하면서 생존을 위해 개방이 불가피하게 이루어진 상황에서 남한 문화의 북한 유입이 확대되었고, 이 과정에서 북한 문화도 변화를 경험하게 된다. 그 동안 북한의 '한류'에 대한 관심이 높아지면서 꾸준한 성과들이 이어졌지만, 북한에 유입된 남한 문화를 어떻게 이해하여야 하는지 그리고 북한 문화 더 나아가 북한 체제의 변화에 어떻게 영향을 미치고 있는가를 알아보는 것이 이 글의 목적이다.

Ⅱ. '고난의 행군' 이후 북한 사회 변화의 특징

최근 북한 문화의 변화를 이해하기 위해서는 일차적으로 문화 체제의 배경이 되는 북한 사회의 변화를 검토할 필요가 있다. '고난의 행군'을 겪으면서 북한 체제는 구조의 수준에서 일반 주민의 일상에까지 광범위한 변화를 경험하게 되는데 그 핵심은 시장화의 진전이라고 할 수 있다. 발전 전략으로서 사회주의의 한계, 유일지배체제의 장기 지속으로 탄력성을 상실한 권력구조, 동구 및 소련 그리고 중국의 체제 전환

4) 남북한 사회문화교류 전개과정에 대해서는 민족화해협력국민협의회, 『남북 사회문화교류 중장기 로드맵 설정 및 추진 전략 연구』 (서울: 통일부, 2007), 3장 참조.

으로 인한 사회주의 국제시장의 상실에 더하여 1990년대 대홍수라는 자연재해는 식량부족으로 상징되는 북한의 체제 위기를 초래하였다. 체제 전반의 위기는 사회주의의 근간인 배급체제의 작동을 어렵게 하였고, 생존 위기에 직면한 북한 주민들은 자생적으로 시장을 발전시켰다.[5] 시장화는 기본적으로 경제 체제의 문제이지만 동시에 주민들의 일상생활 가운데 광범위한 변화를 동반하였다.

시장화의 사회적 결과에서 우선 주목해야 할 것은 주민들의 의식 변화이다. 이념과 윤리를 기반으로 하는 사회주의와 시장에서 가장 중요한 것은 이익의 달성이다. 그러나 시장에서는 경제적 이익의 실현이 가장 핵심적인 가치가 되는 까닭에 외화를 포함하여 환금성 있는 물자를 찾게 되는 것이 일상적인 현상이 되고 있다.[6] 물질을 중시하는 가치의 변화는 시장에서만 국한되는 것은 아니다. 권력과 관련된 직업보다는 수익이 보장되는 직업을 선호한다든지 외화벌이를 위하여 해외에 나갈 수 있는 외국어대학이나 상업대학에 대한 선호도가 높아지는 것이 하나의 예가 된다. 또한 성분을 기초로 한 전통적인 북한의 계층간 위계가 변화하게 되는데 시장에서 부를 축적하는 사람들의 사회적 위상이 올라가는 반면 인민보안원을 포함한 중간관리 계층의 위상은 하락한다.[7]

배급 체제의 붕괴와 시장화의 진전의 또 다른 사회적 결과는 사회

5) 차문석, "'고난의 행군'과 북한경제의 성격변화," 『현대북한연구』 제8권 제1호, (2005), pp.64~73.

6) 고난의 행군과 시장화 이후 북한 주민의 의식변화에 대해서는 이주철 · 오유석, "1990년 이후 북한주민의 경제위기 대응과 의식변화," 『지역사회학』 제8권 제2호, (2007) 참조.

7) 김병로, "북한의 시장화와 계층구조의 변화," 『현대북한연구』 제16권 제1호, (2013), pp.195~200; 곽명일, "북한 인민보안원과 주민의 관계 변화 연구," (북한대학원 대학교 박사학위논문, 2016), pp.111~120.

이동의 증가와 정보 유통의 확대이다. 강력한 사회 통제체제를 유지하고 지역 단위의 자립적 생산과 유통을 지향했던 북한에서 사회 이동은 제한적이었지만 식량 조달과 시장화는 사회 이동의 활성화를 불가피하게 하였다는 것이다. '고난의 행군' 초기, 식량을 구하기 위하여 배급의 중심인 직장을 이탈하는 등 사회적 이동이 증가하였고, 시장화가 진전되면서 이러한 경향은 더욱 두드러졌다. 과거에는 제한적인 왕래만 있었던 친지를 방문하는 빈도가 높아졌고, 새로운 네트워크가 구축되었다.[8] 시장의 발전으로 장사에 참여하면서 사회적 이동과 인적 연결망의 변화는 더욱 확대되었는데, 이는 제도와 체제의 뒷받침이 없는 상태에서 물자의 조달이나 판매 등은 개인적인 차원에서 이루어질 수 없었기 때문이다. 사회적 이동의 증가와 새로운 네트워크의 형성은 정보 전달 통로의 변화를 동반하게 되었다.[9]

사회 이동의 활성화와 정보유통 과정의 다변화는 국내적 차원에만 머무르지 않았다. '고난의 행군' 시기 식량을 구하기 위하여 국경을 넘어 중국으로 나간 북한 주민들은 친지에게 식량을 구하거나 현지에서 단기 노동에 종사하는 경우가 많았고, 이들이 다시 돌아오면서 외부 문화도 같이 북한으로 유입되는 결과를 가져왔다. 북한에서 외부 문화, 특히 자본주의 문화의 향유는 법적으로 금지되어 있지만 수용자의 흥미를 자극하는 자본주의 문화는 북한 사람들에게 급속하게 확산되는 결과를 가져왔다. 특히 같은 언어를 사용하고 민족 문화의 특성을 공유하는 남한 문화는 북한 사람들에게 인기를 끌게 되었다.[10]

8) 장세훈, "북한 도시 주민의 사회적 관계망 변화,"『한국사회학』 제39권 제2호, (2005), pp.121~130.

9) 시장화와 관련된 정보전달체제의 변화에 대해서는 이호규 · 곽정래, "북한 커뮤니케이션 네트워크 구조와 정보 이용 행태에 관한 연구: 북한의 비공식 커뮤니케이션 네트워크와 정보 이용의 사사화(私事化),"『언론과학연구』 제13권 제4호, (2013) 참조.

최근 북한 사회 변화에서 주목할 또 다른 부분은 새로운 세대의 등장이다. 새로운 세대들은 식량난을 경험하면서, 당의 공식적인 교양 내용과는 다른 의식 구조를 갖게 된다. 실리를 중요시하는 것이 대표적인 경향이며, 개인부업을 중시하고 수입이 좋은 직장을 선호하는 것이 이러한 변화를 잘 드러낸다.[11] 새세대는 기존 세대와 의식 차이를 보이면서 공식 문화와도 유리되는 경향을 보이고 있다. 식량난이 심화되면서 미신을 포함한 무속이 활성화되는 것도 공식 문화 약화의 중요한 역할을 하고 있다. 북한에서 새세대는 산업화 이후 세대로 식민과 전쟁을 경험하지 못한, 사회주의체제가 완성된 이후 성장한 집단을 말하고 있다. 이들은 북한이 경제 · 사회적으로 비교적 안정되었던 시기에 유소년 시절을 보내고 극심한 경제난 시기에 청장년 시기를 보냈다. 이들은 북한의 혁명 1세대 또는 전쟁체험 2세대의 자녀로서 전쟁을 경험하지 못하였고 사회주의 제도가 안정된 환경에서 태어나 북한식 사회주의 제도와 교육 속에 성장한 세대이면서도 청소년 · 청년기에 사회주의권의 붕괴 및 개혁 · 개방정책의 실시, 극심한 경제난 등 사회변화의 크고 작은 동인들을 겪은 세대인 것이다.[12] 이러한 세대적 차이는 새세대가 기성세대와 다른 문화적 감수성을 보일 가능성이 크다는 점에서 북한문화 변화의 중요한 배경이 될 수 있다.

---

10) 외부문화의 유입에 대해서는 강동완, “북한으로의 외래문화 유입 현황과 실태,” 『통일인문학』 제60권, (2014). 남한 문화의 북한 내 유통과정에 대해서는 강동완 · 박정란, “남한 영상매체의 북한 유통경로와 영향,” 『통일정책연구』 제19권 제2호, (2010); 진희락 · 박종렬, “북한에서의 한류 확산과정에 대한 연구,” 『평화학연구』 제14권 제4호, (2013).

11) 임순희, 『북한 새세대의 가치관 변화와 전망』 (서울: 통일연구원, 2006).

12) 이우영, “외부문화의 유입 · 새세대 등장과 사회문화적 전환,” 박재규 편, 『새로운 북한읽기를 위하여』 (서울: 법문사, 2007), pp.366~368.

Ⅲ. 북한 한류의 현황

'고난의 행군' 이후 북한 체제는 다양한 변화를 경험하는데 문화적 차원에서 가장 주목할 것은 남한의 문화, 소위 한류의 광범위한 유입이다. 1990년대 '연변노래'로 남한의 가요가 북한으로 유입되기 시작한 이후 한류를 이야기하는 '남조선 바람'이 북한 당국의 감시에도 불구하고 2000년대 이후 확산되는 경향이다. 대중 음악에서 시작한 북한에서의 한류는 드라마, 영화 그리고 오락 프로그램 장르로 확산되고 있으며, 지상파에서 케이블 방송까지 다양한 채널의 남한 문화를 접하고 있다. 그리고 단순한 작품 감상을 넘어서 출연한 연예인의 스타일을 모방하는 등 일상생활의 영역까지 영향을 미치고 있다.[13] 한류에는 대중문화만 포함되는 것이 아니다. 라면, 초코파이 등 식량, 전기밥솥 등 전자 기기와 샴푸 등 일상 용품도 북한의 시장에서 인기리에 팔리고 있다.[14] 지역적으로도 1990년대 처음 북한으로 남한 문화가 유입되기 시작하였을 시기에는 평양, 신의주, 청진 등 일부 대도시와 중국과의 접경지역이 중심이었지만 지금은 전국적으로 확산되고 있다고 볼 수 있다. 공식적으로는 남한 문화의 유통과 감상은 처벌의 대상이지만, 일상에서는 시장 등 비공식적인 다양한 통로를 통해 남한 상품을 구매

13) 인기 드라마였던 '시크릿 가든'의 현빈의 트레이닝복이나 '가을동화'의 여주인공 송혜교의 머리스타일이 북한 젊은이들 사이에서 유행한 것이 대표적이다. "북한 신세대 한류열풍 퍼진다," 『자유아시아방송』; http://www.rfa.org/korean/in_focus/122428-20031203.html (검색일: 2016. 3. 15); "북한에 부는 '한류' 열풍…'아랫동네 알'(남한 DVD)에 주민도 군인도 푹 빠졌다," 『중앙일보』(인터넷판), 2014년 11월 29일; http://news.joins.com/article/16558635 (검색일: 2016. 3. 10).

14) "평양 암시장에서 한국 신라면 판매," 『조선일보』(인터넷판), 2010년 9월 3일; http://news.chosun.com/site/data/html_dir/2010/09/03/2010090301967.html (검색일: 2016. 3. 16).

할 수 있다. 심지어 공식적인 자리에서 남한 문화를 경험하였다는 사실을 거리낌 없이 드러내기도 한다.[15]

2011년 탈북자들을 대상으로 남한 미디어 경험에 대해 시행한 조사를 보면, 남한 미디어 경험이 있다고 밝힌 사람이 60%에 달하지만, 2012년 조사에서는 응답대상자의 84% 정도가 경험이 있다고 답하고 있으며 다른 유사한 조사에서도 남한 문화 경험자의 비율이 80%에 육박하는 경우가 많다.[16]

〈표 1〉 남한 미디어 경험

내용	인원수	비고
출신지	평양(3), 나선(3), 평양남(2), 평양북(2), 자강(0), 양강(13),황해(2), 함경남(14), 함경북(98), 강원(4)	
남한미디어 경험	있다 (79), 없다(61)	2012년 조사는 84% 경험
시청미디어	TV (15), 영화(57), 비디오(43)	중복
시청빈도	한번(7), 일 년에 한번(6), 한 달에 한번(21), 매일(5), 보고 싶을 때마다(40)	

윤선희, "북한 청소년의 한류 읽기: 미디어 수용에 나타난 문화 정체성과 사회 변화," 『한국언론학보』 제55권 제1호, (2011), p.443.

북한에서 경험하는 남한 문화의 종류도 비교적 다양한데 2012년 탈북청소년 172명을 대상으로 한 조사의 경우, 남한 드라마는 3.44편, 영

15) 소설 황진이의 작가 홍석중은 2005년 영화 판권을 남한에 판매하고 남한 측 영화관계자들과 제작관련 회의를 하는 공식적인 자리에서 주인공이 '송혜교'라고 하자 "가을동화의 그 배우?"라고 하면서 "송혜교도 좋지만 나는 '해신'의 수애였으면 하고 생각했다"고 이야기할 정도이다. 오양열, "북한의 한류 현상과 향후 전망," 『서울행정학회 학술대회 발표논문집』 (2006. 10), p.51.

16) 유사한 조사를 매년 실시하는 서울대 통일평화연구원의 조사에서는 2008년 64.6%, 2009년 57.9%, 2011년 77.6%로 지속적으로 남한 문화 경험자가 증가하고 있다.

화는 3.42편, 대중가요는 일주일 평균 85.07분 정도 향유하고 있다고 한다.[17] 한편, 남한문화를 접하는 수단은 문화 종류별로 다소 있으나 드라마의 경우는 알판(CDR)이 중심이 되고 있다. 그러나 최근에는 USB와 포터블하드 사용이 점진적으로 증가하고 있으며 핸드폰 보급이 확대되면서 micro-sd도 활용하고 있다.[18] 북한의 한류 경험과 관련된 탈북자들의 증언도 적지 않다.[19]

북한에는 전기가 없으니까, 컴퓨터가 많이 없어요. 근데 여기 PC방 같은 게 있어요. 개인이 집에서 하는 게임방인데 소학교 4학년 때 많이 다녔어요. 북한 티비보다 한국 티비를 더 많이 봤는데..

텔레비전은 안테나 조작해가지고 보고, 한국 거 볼 때만 하루 4시간 정도 보고. 북한 거만 볼 때는 2시간 정도? 별로 안 봤어요. 비디오는 하루 종일 재미있게 볼 때도 있고.

사람들은 한국 비디오 본다 그러 거 다 알아요. 사람들이 한국 방송보고 (서로) 얘기하지는 않아요. 잡히면 큰일 나니까.

'녹화기'로 한국 거 미국 거 몰래보고, 소련 거 인도 것도 많이 봤어요. 그건 숨기지 않아도 되니까. 중국에서 밀수해서 몰래 아는 사람들끼리 살짝 살짝 보고. 주위에 2/3는 거의 한국 방송 보는 거 같아요. 성별 따질 거 없이 다보고, 애들이 더 많이 보고 어른들도 같이 보고. 같이 보긴 해도 서로 진지하게 감상 얘기 안 해요. 조심도 해야 하니까

국경 인근 지역에 있는 사람들은 거의 (한국방송)보는 거 같아요. 그

17) 이미나, 오원환, "북한 및 제3세계에서의 한류 수용 경험과 한국 문화 적응: 탈북청년을 중심으로," 『방송통신연구』 제82호, (2013), p.86.

18) 드라마는 70.5%, 가요는 44.4%, 영화는 58.5%가 cd-r이 문화전달 매체이다. 이미나 · 오원환, "북한 및 제3세계에서의 한류 수용 경험과 한국 문화 적응: 탈북청년을 중심으로," p.86.

19) 윤선희, "북한 청소년의 한류 읽기: 미디어 수용에 나타난 문화 정체성과 사회 변화," 『한국언론학보』 제55권 제1호, (2011), p.447.

전에는 DVD로 보고. 친구들하고는 〈가을동화〉 봤어요. 친구 집 갔다가. 처음에는 한국 말 잘 못 알아듣고, 저게 무슨 말이냐 그런 얘기 주고받고. 또 노래 같은 거 따라하고, 한국식으로 노래 부르려고 하는 애들도 있어요. 〈가을 동화〉에서 송혜교 보고 매직 머리 유행하기도 하고. 오락회에서 남자애들이 춤도 따라 하려고 그랬어요. 서로 얘기는 잘 안하지만 한국식 따라 하는 거 보면 "쟤는 좀 봤네" 속으로 그러고.

위의 증언들을 보면 공식적으로 불법행위이고 처벌의 대상이 됨에도 불구하고 북한에서 남한 문화 향유가 일상적으로 일어나고 있으며, 대중문화에서 복장이나 스타일과 같은 일상 문화까지 광범위한 문화 전파가 이루어지고 있다는 것을 알 수 있다. 또한 중국과의 접경지역은 전파 월경을 통해서 남한 문화를 접하기도 하고, 다양한 매체를 통해서 남한 문화가 북한 주민들에게 전달되고 있다는 것을 볼 수 있다. 그러나 북한에서 남한 문화의 수용 차이는 지역적 편차가 있는 현상으로 파악하는 것이 적절할 것이다. 예를 들어, 평양이나 지방 행정구역의 대표 도시와 같은 특정 공간에서는 한국의 아이돌 가수들의 노래나 뮤직 비디오가 청년들 사이에서 상대적으로 많이 유통되고 있는 반면 탈북자 수가 가장 많은 함경도 지역에서는 오히려 80~90년대의 트로트가 인기 장르이다. 드라마는 비교적 남한에서 방송된 지 오래지 않아서 북한 지역으로 폭넓게 확산되고 있지만 남한의 최근 대중가요는 도시에 거주하는 청년을 중심으로 향유되는 경향이 있다. 도시는 시기에 따라 문화를 향유하는 정도와 장르 차이가 존재하지만 함경도 등 비도시 지역에서는 차이가 상대적으로 작다. 드라마의 경우는 비교적 지역적 편차 없이 보편적으로 수용되는 경향이 있다.[20]

20) 이미나, 오원환, "북한 및 제3세계에서의 한류 수용 경험과 한국 문화 적응: 탈북청

2000년 이후 북한의 남한 문화 확산 현상, 즉 한류 현상의 특징을 정리하면 다음과 같다.

첫째, 공식적인 통로를 통한 접촉 이외의 남한 문화 향유는 불법적이지만, 현재 북한 주민들이 경험하고 있는 남한 문화는 비공식 문화의 성격을 갖고 있으며, 동시에 일탈행위의 하나라고 할 수 있다.

둘째, 북한 주민의 남한 문화 경험은 점차 확대되는 경향이다. 해마다 접촉 경험 비율이 높아지고 있으며 특히 2000년대 후반 이후에는 과반수 이상의 북한 주민들의 남한 문화 경험이 확인될 정도이다. 접하고 있는 남한 문화의 종류도 다양해지고 있고, 지역적 편차도 점차 줄어들고 있다고 볼 수 있다.

셋째, 문화를 수용하는 집단별로 보면, 남한 문화 경험의 양상은 차이가 없지 않다. 세대별, 지역별로 남한 문화 경험의 정도도 차이가 있고, 즐기는 장르도 지역이나 세대별로 차이가 있다. 젊은 세대가 상대적으로 남한 문화에 적극적이고, 비교적 다양한 장르를 접하는 경향이 있고, 접경 지역이나 대규모 시장이 있는 지역 주민들 또한 남한 문화를 경험하는 경우가 많다.

Ⅳ. 한류확산의 배경

북한의 남한 문화 확산의 근본적인 토대는 고난의 행군 이후 북한 체제의 변화이다. 앞에서 살펴보았듯이 북한 주민들은 생존을 위해 자생적으로 시장을 발전시켰고, 식량 취득을 위한 사회 이동의 증가는

년을 중심으로," p.96.

시장화와 더불어 정보유통을 활성화시키는 동시에 외부 문화의 유입을 가속화하였기 때문이다. 이 밖에도 남한 문화 확산의 배경으로 몇 가지 요소를 더 들 수 있다.

첫째, 남북 관계의 변화이다. 2000년 제1차 남북정상회담 이후 다양한 사회문화 교류가 있었고, 동시에 인도적 지원 사업, 경제협력 사업을 통하여 남북한 주민들 간의 접촉기회가 증대된 것은 북한 내 남한 문화 확산의 중요한 배경이 되었다.[21] 남한 인기 대중 가수를 포함한 대중문화예술인의 북한 공연이 확산되었고, 각종 수준의 체육 경기가 북한 지역에서 열렸다. 언론 교류도 활성화되었고, 다양한 형태의 방송 협력 사업이 추진되어 2007년에는 남북이 공동제작 한 미니시리즈 「사육신」이 방영되기도 하였다. 그리고 금강산 관광이나 개성공단을 통하여 남북한 주민들의 접촉이 광범위하게 이루어졌다. 또한 인도적 지원 관련자를 포함한 다수의 남한 사람들이 북한을 방문하기 시작하였다.

문화 교류의 과정에서 남한 대중가수의 공연을 직접 관람하였거나 남한으로 와서 남한 문화를 직접 경험할 수 있는 북한 주민은 제한적이었지만 몇몇 공연은 북한의 방송을 통하여 중계되기도 하면서 남한 문화를 접할 수 있는 기회가 되었다. 또한 문화교류가 공식적으로 이루어지면서 비록 정부의 통제하에서 한정되었다고는 하지만 북한의 일반 주민들이 남한문화를 향유하는 것이 정당화되는 계기가 되었다는 사실도 주목할 필요가 있다. 한편 방북자를 포함한 인적 교류의 확

21) 정상회담과 남북문화교류 확대에 대해서는 양정훈, "남북 문화정책에 따른 사회문화 교류," 『남북문화예술연구』 제8호, (2011), pp.213~234; 최현호, "남북정상회담 전후의 남북한 사회 · 문화 교류 협력 분석," 『국민윤리연구』 제58권, (2005), pp.293~302 참조.

대는 남한의 일상 문화가 북한에 전파되는 계기가 되었다. 북한을 방북한 사람들은 음식을 포함하여 일상용품에 이르기까지 북한에 남한의 문화를 전달하였고, 북한 사람들은 이를 적극적으로 수용하였다. 더욱이 대북 인도적 지원 사업이 상징하듯이 이 시기 남북 사회문화교류나 인적교류에서 남은 공여자이고 북은 수혜자였기에 접촉 과정에서 남한 문화의 일방향적인 북한 유입이 촉진되었다고 할 수 있다.

둘째, 중국 개방화의 진전과 한중관계의 발전이다. 중국의 개방이 진전되었고 1980년대 후반부터 한중 국교 정상화 이래 정치 · 경제 · 사회문화 등 다방면에서 한중관계는 발전하였다. 이 과정에서 중국으로 남한 문화의 유입 또한 가속화되었다.[22] 특히 한중수교 이후 조선족이 집중적으로 거주하는 옌볜지역은 한국 문화 전달의 중심이 되었다. 한편 '고난의 행군' 시기 식량을 구하기 위하여 국경을 넘었던 북한 사람들도 초기 옌볜지역의 조선족에 의존하였는데, 이들이 귀국하면서 옌볜의 조선족 사회에서 유행하는 남한의 대중문화가 북한으로 유입되었다.[23] 즉, 옌볜지역이 한국화되면서 북한 사람들이 옌볜문화를 흡수하는 건 한국 문화를 흡수하는 것과 동일한 효과를 가져왔다.

북한 내 시장화가 활성화되면서 국경 지대를 중심으로 중국과의 경제적 연대는 더욱 확산되는데 이것은 남한 문화가 전달되는 지속적인 통로가 되고 있다. 조선족이나 화교 등 북 · 중 간 공식 · 비공식 무역에 종사하는 사람들은 남한 문화를 전달하는 인적 자원이 되고 있으며, 사업 목적에서 활용하는 핸드폰은 문화 전달의 미디어로 기능하고 있다.[24]

22) 중국 내 한류 유입과정에 대해서는 박영환, 『문화한류로 본 중국과 일본』(서울: 동국대학교 출판부, 2008), 2부 1장을 참조.

23) 초기 북한에서는 남한가요를 옌볜가요로 알았다고 탈북자들은 증언한다.

셋째, 북한 변화, 특히 개방을 촉진하려는 외부의 노력이다. 대표적인 것이 미국의 북한인권법 제정이다.[25] 미국인권법의 조항 가운데 북한 내 정보의 자유 유입과 대북 방송 지원의 항목이 있다. 이를 근거로 대북 방송 매체 지원이 활성화되었고, 이러한 매체의 발전도 북한으로의 한류 유입 활성화에 기여하였다고 할 수 있다.[26]

넷째, 북한의 공식적 문화 전달 매체의 약화이다. 북한 체제 내부적으로는 북한 주민의 문화적 소비 욕구를 충족시켜주었던 조선중앙TV나 영화 등 북한의 선전문화 매체의 영향력이 약화되었고, 주민들이 외부 문화에 경도되는 환경이 조성되었다. 북한은 경제난 이후 재정 문제로 새로운 영화나 드라마를 제작하지 못하고 있으며, 과거 제작된 영화나 드라마를 재방영하면서 주민들이 외면하는 결과를 초래했다. 기본적으로 불안정한 전력 공급은 북한의 중요한 문화전달 매체인 TV 시청을 어렵게 하였다. 방영 시간을 맞추어야 하는 TV 및 라디오 방송 대신, 시청 시간 제약이 없는 VCR이나 CD/DVD가 문화향유의 기본 수

24) 여기서 언급하는 핸드폰은 중국 핸드폰이다. 북한의 핸드폰은 현재 해외 연결이 안되는 까닭에 외부 문화 전달의 일차적 수단이라고 하기는 어렵다.

25) 미국의 북한 인권법(North Korean Human Rights Act of 2004)은 조선민주주의인민공화국의 인권개선을 위해 제정된 법률로 2004년 3월 하원에 상정된 뒤 수정의 시간을 거쳐 7월 만장일치로 하원을 통과한 뒤 2004년 9월 28일 상원을 통과했다. 조지 W. 부시 대통령이 2004년 10월 18일 서명해 발효되었고 2012년까지 연장하는 재승인 법안이 상하원을 통과했다. 법안의 주요 내용은 북한 주민의 인권 신장, 인도적 지원, 탈북자 보호를 주요 골자로 하고 있으며 북한 인권특사를 임명을 포함한다. 또한 2011년 9월 현재 미 하원에서 탈북 고아 입양 법안이 상정되어 통과를 기다리고 있다. 2012년 6월 19일 외교위원회에서 미국 상원 외교위원회는 북한 인권법을 2017년까지 5년 연장하는 내용의 '북한인권법 재승인 법안'을 가결하였고 앞으로 상원 전체회의에서 표결을 남겨놓고 있다. 2012년 8월, 2017년까지 5년 연장하는 재승인 법안이 다시 통과되었다.

26) 진행남, 『북한의 한류현상과 독일통일 과정에서의 방송매체의 영향』 (제주: 평화연구원, 2012), pp.15~28.

단이 되면서 대상 선택권이 생겼다는 것이다. 이러한 가운데 북한 주민들의 남한과 중국 등 외부 영화·드라마에 대한 접촉으로 더욱 북한 자체 문화 상품에 대한 관심이 저하되었다고 할 수 있다.

다섯째, 시장의 발달 그 자체이다. 시장의 발달로 북한 사회 내 상품 유통이 활발해지고 북·중 무역이 활발해지면서 중국을 통해 다양한 남한의 상품들도 북한에 유입되었는데 여기에는 영화, 드라마, 노래 등과 같은 남한의 문화 상품들도 포함되었다. 한류가 북한 주민들에게 인기를 끌었다는 것은 일상 용품과 더불어 남한 대중문화 상품이 시장에서 인기 품목으로 고수익을 보장하게 되었다는 것을 의미한다. 문화적 차원과 더불어 상업적 차원에서 이윤추구라는 현실이 남한 문화 유입을 가속화하였다고 볼 수 있다.

여섯째, 남북한 주민들의 공통의 문화적 취향이다. 북한 주민들은 전통적으로 영화나 드라마를 선호하는 경향이 있었는데 이와 같은 북한 주민의 문화적 취향도 한류가 확산되는 중요한 배경이 되었다고 할 수 있다.[27] 분단으로 서로 다른 문화체제를 지향하였지만 분단이전부터 갖고 있었던 대중문화의 신파성이나 멜로와 스토리텔링을 좋아하는 정서는[28] 북한에도 여전하였고,[29] 같은 언어라는 장점까지 더하여

27) 탈북자 설문조사에 의하면, 북한에 거주할 때 좋아했던 프로그램이 예술영화(29.5%), 텔레비전 연속물(13.9%), 체육경기(11.5%), 노래자랑(10.7%), 상식 및 해외물(8.6%), 보도(7.0%), 아동방송(6.6%), 과학영화(4.9%), 시사해설(3.7%), 기록영화(1.2%)의 순서라고 한다. 정은미, "북한 한류 연구의 배경, 정보순환, 해석에 대한 비판적 고찰," 『KDI 북한경제리뷰』 제13권 제12호, (2011), p.98.

28) 한국 문화의 신파성이나 멜로 지향에 대해서는 김현식, 『대중문화 심리로 본 한국사회』 (서울: 북코리아, 2007), 3부; 이영미, "1950년대 대중적 극예술에서의 신파성의 재생산성과 해체," 『한국문학연구』 제34권, (2008), pp.87~88 참조.

29) 북한문화에서 멜로와 신파가 서사의 중심이라는 논의에 대해서는 서정남, "북한 예술영화의 미학적 특징으로서의 신파성과 내러티브 체계에 관한 연구," 『영상문화』 제2권, (2000), pp.93~95 참조.

한류에 북한 사람들이 쉽게 호응하였다고 볼 수 있다.

V. 한류의 통로

한류가 북한에 들어가는 과정은 몇 가지로 나누어 생각해 볼 수 있다.[30] 한류의 통로를 살펴보는 것은 북한 문화체제의 변화 과정을 이해하고 앞으로의 변화를 전망하는데 중요한 요소가 된다.

첫째, 외국방송이다. 북한에서 라디오나 TV는 채널이 고정되어 있으나 비교적 간단한 기기 조작을 통하여 외국 방송 청취가 가능하다. KBS 한민족 방송, 자유아시아방송, 미국의 소리 방송 등을 통하여 남한 문화를 접촉하는 것이 가능하다. 북한은 외부 방송을 시청이나 청취를 봉쇄하기 위하여 전파 방해를 하고 있으나 최근 북한의 전력사정 악화로 전파 월경이 과거에 비하여 상대적으로 용이해졌고, 시장에서 성능이 우수한 외제 라디오나 TV의 구매도 쉬워져, 외부 방송을 통한 남한 문화 수용 또한 쉬워졌다고 볼 수 있다. 대북 방송 외에도 남한 문화 콘텐츠를 광범위하게 활용하고 있는 중국 방송도 접경 지역 주민들은 청취 및 시청이 가능하다는 점에서 남한 문화 유입의 중요한 경로이다.

둘째, New Media의 발전이다. 중국 등 해외에서 반입되는 CD, DVD, MP3, USB MEMORY 등 새로운 저장 매체들은 비공식적이고 불법적인 남한 문화 전달의 핵심적 매체가 되고 있다. 북한에서 '시디알'이라고

30) 영상매체의 북한 유통구조에 대해서는 강동완, 『한류 북한을 흔들다』 (서울: 늘품플러스, 2011), 2장을 참조.

불리우는 CD나 DVD는 특히 외부 문화 유통의 중요한 매체였는데 2000년대 들어 북한 내 DVD 보급이 급증하고, 중국 등지에서 귀국하는 해외 파견 노동자들이 디지털 기기를 들여오면서 New Media가 북한 문화에서 차지하는 비율이 높아졌다고 할 수 있다. 기술을 중시하는 것은 북한의 오래된 전통이지만 '고난의 행군' 이후 새로운 기술에 대한 강조가 반복되면서 디지털기기 확산을 부추긴 점도 New Media가 확산되는 또 다른 배경이 되었다. 2010년에는 북한제 PDA '휴대용 다매체 관람기'가 2013년 북한제 태블릿 '삼지연'이 개발되었는데, 핸드폰은 300만대 이상이 보급되어 있다고 전해진다. 새로운 디지털 기기와 새로운 저장 장치가 결합되어 남한 문화의 중요한 전달 수단이 되고 있는데 새로운 기술 장치의 소형화 추세는 당국의 비공식 문화 단속을 더욱 어렵게 하고 있다.

셋째, 사람들을 통하여 남한 문화가 직접 전파되는 것이다. 2015년의 경우 일 년 동안 중국을 방문한 북한 주민이 18만 명 이상이다.[31] 최근 북한의 중요 외화벌이 수단인 해외 파견 노동자도 6만 명 이상이다. 동유럽 5,000여 명, 중동 15,000여 명, 러시아 20,000여 명, 중국 8,000여 명, 아프리카 8,000여 명, 동남아 5,000여 명에 이른다.[32] 파견 노동자 외에도 해외 유학생이 동북 3성에 2,000여 명, 유럽에 30명 있으며, 최근에는 영국, 미국, 캐나다 등의 유학 및 연수도 확대되고 있

31) 중국 관광국의 발표에 의하여, 2015년 중국을 찾은 북한 사람의 수가 18만 8천300명이라고 하는데 이는 전년도와 비슷한 숫자이다. "지난해 중국 방문 북한인 소폭 증가," 『VOA』, 2016년 1월 20일; http://www.voakorea.com/content/article/3153060.html (검색일: 2016.3.10).이 숫자는 비자를 받아서 공식 방문한 사람으로 비공식적 월경자의 수는 포함되지 않은 것이다.

32) 북한전략센터 · 코리아정책연구원, 『북한의 해외인력송출 실태』 (서울: 코리아 연구원, 2012), p.17.

다. 기술이나 정책 분야가 중심이 되지만 문화 분야에서도 해외 경험자들이 많은데 북한의 대표 악단의 하나인 '은하수 관현악단'은 이탈리아, 중국, 프랑스에서 연수한 단원이 적지 않고, 독창가수 황은미는 이탈리아 국립음악학교에서 공부하였다. 노동자, 유학생 등이 외부 문화를 전달하면서 남한 문화도 함께 전달하고 있는 요인으로는 북한 당국이 교류를 통한 외부 문화 습득을 강조하고 있는 점도 일정한 영향을 미치고 있다고 볼 수 있다.[33]

북한 사람들이 외부 문화와 남한 문화를 직접 전달하는 것과 더불어 외부사람들이 남한 문화를 전달하는 통로가 되기도 한다. 대북 인도적 지원, 금강산 및 개성을 등 남북 협력 사업 위하여 일정 기간 북한에 머무르는 남한 사람들도 적지 않다.[34] 남한 사람뿐만이 아니라 외국 국적의 사람들도 남한문화의 통로가 될 수 있다. 예를 들어 평양과기대에는 미국, 영국, 독일, 중국, 네덜란드 국적의 50여 명 교수가 학부 및 대학원생을 대상으로 영어로 강의하고 있으며, 평양의대 등에는 외국 국적의 동포가 교수로 재직하고 있는 경우도 있다. 외국 국적자이라고 하더라도 같은 민족인 경우, 남한과도 꾸준히 교류하고 있기 때문에 문화 전달의 통로가 되고 있고, 기타 국가 출신이라고 하더라도 기존 한류의 영향 등으로 남한 문화 전달의 역할을 일정부분 수행하고

33) 최고지도자인 김정은은 외부의 기술과 문화 수용을 적극적으로 독려하고 있다. "다른 나라들, 국제기구들과의 과학기술교류사업도 활발히 벌려야 합니다…. 내가 이미 말하였지만 인터네트를 통하여 세계적인 추세자료들, 다른 나라의 선진적이고 발전된 과학기술자료들을 많이 보게 하고 다른나라에 보내여 필요한 것들을 많이 배우고 자료도 수집해오게 하여야 합니다… 다른 나라의 과학연구기관들과 공동연구, 학술교류, 정보교류를 활발히 진행하며…." 『로동신문』, 2012년 5월 8일.

34) 남북 관계의 영향을 받지만, 평양에서 공식적으로 강의한 대학 교수도 있었고, 인도적 지원 시설 건축에 종사한 기술자들이나 문화유산 발굴 연구자들은 비교적 장기간 북한에 거주하면서 남한 문화를 전달하였다.

있다고 볼 수 있다.

남북한과 직접적 관계가 없다고 하더라도 김정은 정권 수립 이후 해외 관광객 유치에 관심을 기울이고 있는 것도 외부 문화 유입을 촉진할 수 있다.35) 최근 중국 등 해외 관광객이 증가하고 있고, 북한 당국은 러시아(해상) 및 중국(자동차) 등 관광 확대를 위한 신노선 개발하고 있으며, 2013년과 2014년 북한을 방문한 사람들에 의하면 유럽관광객을 포함한 다수의 관광객을 평양 시내에 자주 보았다고 할 정도이다. 특히 최근에는 외국인들에게 인터넷을 허용하고 핸드폰 소지도 허용함으로써 외부인들이 외부문화의 전달 통로로 중요해지고 있다.

Ⅵ. 한류의 영향

북한에 유입되고 확산되는 남한 대중문화 즉, 한류는 단순히 새로운 문화적 현상에 그치는 것이 아니라 사회적인 결과를 동반하고 있다.

첫째, 사회적 연결망의 변화이다. 비공식적이며 불법적 일탈 행위인 남한문화를 구입하고 친구 및 가족과 공유하는 과정에서 사회적 네트워크와 연결망의 변화가 초래되었다는 뜻이다. 남한 문화의 향유가 법적으로 처벌의 대상인 까닭에 신뢰할 수 있는 가족과 친구와 같은 일차적 집단 내의 사적연결망이 강화되고 있다는 것인데 한류를 매개로 새로운 네트워크가 형성되고 이것은 향후 사회 변화의 중요한 계기가 될 수 있다.

35) 김한규, "북한 외래관광 연구: 담당조직과 유치 구조 및 전략을 중심으로," (북한대학원 대학교 박사학위논문, 2015).

둘째, 한류의 확산이 시장화와 밀접하게 연결되어 있어, 생필품 조달의 공간으로서의 시장이 문화적 소통의 공간으로 전환되는 계기가 되고 있다는 것이다. 시장화 자체가 사회주의 근간의 하나인 배급 체제를 와해시켰지만, 한류의 유통을 통하여 사회 변화의 중심이 될 수 있다고 할 수 있다.

셋째, 한류의 확산으로 북한의 전통적인 정치적 선전선동 매체의 사회적 설득력이 약화되었고, 북한의 문학예술에 대한 평가도 부정적이 되었다고 볼 수 있다. 북한을 포함하여 사회주의 국가에서 문학예술은 당이 주도하는 정치·사회적 통합의 핵심 수단인데 사회구성원들이 공식문화를 받아들이지 않는다는 것은 통합의 원천이 흔들린다는 것을 의미한다.

넷째, 한류의 확산은 남한 체제뿐만이 아니라 남한 사람들에 대한 북한 주민의 인식의 변화에 기여한다고 볼 수 있다.

> "한국 TV는 사생활과 사람 사는 거 있잖아요. 그런 게 좋았고.. 남한 사람은 온순하다 친근감 있는 말투가 느낌이 편하다 그런 생각. 학생들은 정치에 별로 관심 없고[36]"

북한 주민들이 현실의 곤궁함 속에서 남한 문화를 경험하는 것은 현재의 문제를 해결하고 안락한 삶을 꿈꾸게 하는 수단이 되고 있다. 결과적으로 한국 미디어를 보는 것은 북한의 일상에 즐거움을 가져다준다. 그러나 한류와의 접촉이 북한 주민들에게 긍정적인 효과만을 가져오는 것이 아니라 현실과 차이가 있는 남한을 접함으로써 환상이나 부

36) 윤선희, "북한 청소년의 한류 읽기: 미디어 수용에 나타난 문화 정체성과 사회 변화," p.449.

정적 인식을 조장하는 측면도 있다.

"한국 텔레비에서 밥하는 거 보고 불을 때서 솥에 밥을 해야 하는데 전기 밥솥이라고 띵 눌러서 밥됐다 하는 거예요. 사기라 그랬죠"

"밤 시내 야경은 멋있지. 외국은 색깔이 다른가 보다 그랬어요."

"나는 한국 TV 보고 다 이층집에 사는 줄 알았어요. 잘사는 사람들만 나오니까.."

"남한은 먹고살 걱정 없는 줄 알았는데.. 여기가 북한보다 먹고살 걱정 100배 많은 거 같아. 취직해야 하고."[37]

다섯째, 한류의 확산은 북한의 문화 정책을 유도하고 있다. 남한 문화를 포함한 외부 문화에 경도되는 북한 주민들이 공식 문화를 외면하면서 북한 당국은 문화 정책의 변화를 모색하고 있다고 볼 수 있다. 대표적으로 김정은이 직접 창단했다고 하는 '모란봉 악단'이다.[38] 미국의 할리우드 영화 음악을 연주하는 젊은 감각의 모란봉 악단을 김정은 집권 이후 문학예술 창작의 기준으로 삼고 새로운 문학예술을 지향하고 있다. 북한의 가장 중요한 선전선동 장르인 영화가 김정은 집권 이후 연간 한 편 내외만 제작할 정도로[39] 최근 북한 문학예술계는 전반적인 재정비 상황에 놓여있다고 할 수 있다.

37) 윤선희, "북한 청소년의 한류 읽기: 미디어 수용에 나타난 문화 정체성과 사회 변화," pp.453~454.

38) 배인교, "2012년 북한의 음악공연과 樂," 『남북한문화예술연구』 제13권, (2013).

39) 영화진흥위원회, 『2014 한국영화연감』 (부산: 산지니, 2015), 북한 편 참조.

Ⅶ. 맺음말

한류가 북한에서 최근 광범위하게 확산되고 있으나 이것을 바로 북한문화 체제나 국가 체제 전반의 변화와 바로 연결시키는 것은 문제가 있다. 왜냐하면 남한 문화 접촉이 북한 주민들의 체제 저항과 이어지는 것은 아닐 수 있기 때문이다. 최근 남한에서는 북한 한류가 다소 과대평가되는 경향이 있는데 북한에서 남한의 영상 매체나 라디오 접촉 빈도가 외국 영화나 라디오 등에 비해 낮다는 연구 결과도 있다. 북한 주민이 선호하는 외부 영화를 조사한 연구에 따르면 선호하는 외부영화는 중국 영화가 54.7%, 한국 19.2%, 소련(러시아) 12.4%, 미국 8.5%, 일본 3.4%, 기타 1.7% 순서라고 한다.[40] 또한 최근에는 북한 젊은이들 사이에서 스토리가 뻔한 남한 영화나 드라마보다 미국 액션 영화나 〈프리즌 브레이크〉 등의 드라마에 열광하고 있다는 증언도 있다.

따라서 북한 청년들은 폐쇄적 환경에서 일상의 놀이 문화로 한류를 소비하고 있으며, 이는 억압적 권력에 대한 문화 저항이며 미시적 권력 생성의 과정으로 볼 수 있을 것이다.[41] 즉, 하위 문화의 형성이라는 측면에서 북한 청년의 한류 수용 현상에서 남한에 친화적인 문화를 체득함으로써 다른 세대와는 다른 의식이 차별적으로 구성될 가능성이 존재다고 해석하는 것이 적절할 것이다.

북한 주민들의 한류 경험이 남북한 사회문화 통합에 어떤 의미를 갖는가에 대해서도 고민할 필요가 있는데, 긍정적인 효과와 부정적인 효과를 동시에 발생할 가능성이 크다. 긍정적인 차원으로는 적대적인 대

40) 정은미, "북한 한류 연구의 배경, 정보순환, 해석에 대한 비판적 고찰," p.94.

41) 윤선희, "북한 청소년의 한류 읽기: 미디어 수용에 나타난 문화 정체성과 사회 변화," p.458.

결구도에서 남한 체제나 주민에 대한 정보를 얻지 못했던 북한 주민들이 남한 문화와 주민들을 이해할 수 있는 계기가 되었다는 사실이다. 북한 주민이 남한 주민의 삶의 양식을 알게되고 문화를 통하여 공동의 정서를 공유하게 된 것은 앞으로의 교류나 통합과정에 도움이 될 것이라고 할 수 있다. 반면, 상업적인 남한의 대중문화를 무차별적으로 수용하는 것은 문제가 될 수 있다. 특히 남한 대중문화의 선정적인 폭력, 성애 등의 묘사는 북한 주민에게 남한에 대한 왜곡된 상(像)을 고착화시킬 위험도 있는 것이다.

한류의 영향이 제한적이지만 장기적으로는 현재 북한의 문화 및 체제와 상반되는 대항 문화로 발전하여 지배적 공식 문화와 대립할 가능성이 있다(아래 〈그림 1〉 참조).

〈그림 1〉 북한 문화의 변화 과정

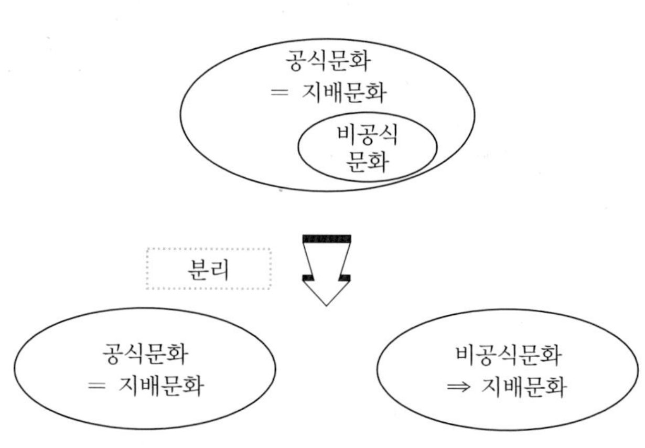

공식 문화가 약화됨에 따라, 공식 문화의 하위 문화였던 외부 문화가 점차 확산되어 분리됨으로써 대항문화적 성격을 갖게 되면, 북한

체제의 변화와 문화 변동이 직접적으로 연관될 수 있다는 것이다.

분단 이후 독자적인 문화 체제를 구축하여왔던 북한이 1990년대 이후 체제위기를 경험하면서 외부 문화의 유입이 확대되었다. 그 가운데 남한의 대중 문화인 한류가 북한 문화 변화에서 가지는 의미는 과거보다 더욱 커지고 있는 것은 분명하다. 그러나 한류가 북한 문화 더 나아가 사회 체제 변화에 미치는 영향을 좀 더 객관적으로 꼼꼼히 살펴보는 것이 중요하다. 동시에 분단을 극복하고 통일 문화를 구축하기 위하여 남쪽의 사람들이 북한 문화를 어떻게 받아들이고 있는가에 대한 성찰도 필요하다. 이와 같은 노력이 동반되어야 분단의 문화를 극복하고 공존의 문화, 통일의 문화를 만들어 나아갈 수 있을 것이다.

참고문헌

강내희. "신자유주의 세계화와 한국의 문화변동." 『중앙대학교 문화콘텐츠기술연구원 학술대회』 (중앙대학교 문화콘텐츠기술연구원 학술대회, 2008. 12).

강동완. 『한류 북한을 흔들다』 (서울: 늘품 플러스, 2011).

______. "북한으로의 외래문화 유입 현황과 실태." 『통일인문학』 제60권, (2014).

강동완, 박정란. "남한 영상매체의 북한 유통경로와 영향." 『통일정책연구』 제19권 제2호, (2010).

곽명일. "북한 인민보안원과 주민의 관계 변화 연구." (북한대학원 대학교 박사학위논문, 2016).

김병로. "분단체제와 분단효과: 남북관계의 상호작용 방식과 영향 분석." 『통일문제 연구』 제25권 제1호, (2013).

______. "북한의 시장화와 계층구조의 변화." 『현대북한연구』 제16권 제1호, (2013).

김한규. "북한 외래관광 연구: 담당조직과 유치 구조 및 전략을 중심으로." (북한대학원 대학교 박사학위논문, 2015).

김현식. 『대중문화 심리로 본 한국사회』 (서울: 북코리아, 2007).

민족화해협력국민협의회. 『남북 사회문화교류 중장기 로드맵 설정 및 추진 전략 연구』 (서울: 통일부, 2007).

박영환. 『문화한류로 본 중국과 일본』 (서울: 동국대학교 출판부, 2008).

배인교. "2012년 북한의 음악공연과 樂." 『남북한문화예술연구』 제13권, (2013).

북한전략센터, 코리아정책연구원. 『북한의 해외인력송출 실태』 (서울: 코리아 연구원, 2012).

서정남. "북한 예술영화의 미학적 특징으로서의 신파성과 내러티브 체계에 관한 연구." 『영상문화』 제2권, (2000).

양정훈. "남북 문화정책에 따른 사회문화 교류." 『남북문화예술연구』 제8호, (2011).

영화진흥위원회. 『2014 한국영화연감』 (부산: 산지니, 2015).

오양열. “북한의 한류 현상과 향후 전망.” 『서울행정학회 학술대회 발표논문집』 (2006. 10).

윤선희. “북한 청소년의 한류 읽기: 미디어 수용에 나타난 문화 정체성과 사회 변화.” 『한국언론학보』 제55권 제1호, (2011).

이미나, 오원환. “북한 및 제3세계에서의 한류 수용 경험과 한국 문화 적응: 탈북 청년을 중심으로.” 『방송통신연구』 제82호, (2013).

이영미. “1950년대 대중적 극예술에서의 신파성의 재생산성과 해체.” 『한국문학연구』 제34권, (2008).

이우영. 『북한의 자본주의 인식변화』 (서울: 통일연구원, 2000).

______. 『북한문화의 수용실태 조사』 (서울: 통일연구원, 2001).

______. “외부문화의 유입 · 새세대 등장과 사회문화적 전환,” 박재규 편, 『새로운 북한읽기를 위하여』 (서울: 법문사, 2007).

이주철, 오유석, “1990년 이후 북한주민의 경제위기 대응과 의식변화.” 『지역사회학』 제8권 제2호, (2007).

이호규, 곽정래. “북한 커뮤니케이션 네트워크 구조와 정보 이용 행태에 관한 연구: 북한의 비공식 커뮤니케이션 네트워크와 정보 이용의 사사화(私事化).” 『언론과학연구』 제13권 제4호, (2013).

임순희. 『북한 새세대의 가치관 변화와 전망』 (서울: 통일연구원, 2006).

장세훈. “북한 도시 주민의 사회적 관계망 변화.” 『한국사회학』 제39권 제2호, (2005).

정은미. “북한 한류 연구의 배경, 정보순환, 해석에 대한 비판적 고찰.” 『KDI 북한경제리뷰』 제13권 제12호, (2011).

진행남. 『북한의 한류현상과 독일통일 과정에서의 방송매체의 영향』 (제주: 평화연구원, 2012).

진희락, 박종렬. “북한에서의 한류 확산과정에 대한 연구.” 『평화학연구』 제14권 제4호, (2013).

차문석. “‘고난의 행군’과 북한경제의 성격변화.” 『현대북한연구』 제8권 제1호, (2005).

최현호. “남북정상회담 전후의 남북한 사회 · 문화 교류 협력 분석.” 『국민윤리연구』 제58권, (2005).

『로동신문』, 2012년 5월 8일.

“북한 신세대 한류열풍 퍼진다,” 『자유아시아방송』; http://www.rfa.org/korean/in_focus/122428-20031203.html (검색일: 2016. 3. 15).

“북한에 부는 ‘한류’ 열풍…‘아랫동네 알’(남한 DVD)에 주민도 군인도 푹 빠졌다,” 『중앙일보』(인터넷판), 2014년 11월 29일; http://news.joins.com/article/16558635 (검색일: 2016. 3. 10).

“지난해 중국 방문 북한인 소폭 증가,” 『VOA』, 2016년 1월 20일; http://www.voakorea.com/content/article/3153060.html (검색일: 2016. 3. 10).

“평양 암시장에서 한국 신라면 판매,” 『조선일보』(인터넷판), 2010년 9월 3일; http://news.chosun.com/site/data/html_dir/2010/09/03/2010090301967.html (검색일: 2016. 3. 16).

남한 주민의 북한 문화 수용

전 영 선
건국대 통일인문학연구단 HK연구교수

남한 주민의 북한 문화 수용

Ⅰ. 남한에서 북한 문화란?

대한민국에서 북한은 금기의 영역이었다. 북한에 대한 시각이 분명했기 때문에 북한 문화를 바라보는 시선도 분명하다. 어떤 목적을 갖지 않으면 북한 문화에 대해 관심을 가질 이유도 없었다. 그 목적의 대부분은 북한체제에 대한 비판이거나 비난이었다. 대한민국에서 북한 문화를 감상의 대상으로 보거나 다소라도 온전한 시선을 보내는 것은 대단한 용기를 동반해야 하는 일이었다. 지금도 북한에 대한 시선은 크게 달라지지 않았다.[1]

1) 김진향 외, 『개성공단 사람들』(장수균: 내일을여는책, 2015), p.4 : "나는 소위 북한 사회의 상당한 고위층에 있었던 이탈 주민이다. 북한 사회에 대해 그 누구보다 종합적이고 정확하게 평가할 수 있다고 자부한다. 한국 사회에서 북한 사회에 대한 제대로 된 글이나 책을 본 적이 없다. 제대로가 아니라 목불인견(目不忍見, 차마 눈

국가 보안을 위한 차원에서 북한 문화 수용은 제한되었고, 공공연한 접근은 국익을 해치는 행위로 인식되었다. 1945년 광복 이후 상대문화에 대해 가졌던 시각은 치열한 이데올로기 대립을 통해 형성되었고, 북한을 바라보는 강력한 반공의 회로판이 되었다. 남한에서 북한 문화를 받아들이는 방식은 대단히 제한적일 수밖에 없었다. 일반인에게는 북한 문화는 이념적인 프레임을 통한 수용이었고, 금기의 대상, 거부의 대상, 조롱의 대상이었다. 결과적으로 분단 70년의 시간이 지난 오늘날 남북의 문화는 분단 시간만큼 이질화 되었다. 이제 남북 문화가 동일하거나 동질성을 갖고 있다고 생각하는 사람은 거의 없을 것이다. 남북의 문화통합에서 반만년의 문화적 공통성보다는 분단체제의 차이로 인한 차이가 더 크고, 이것이 남북의 문화 통합에 상당한 장애가 될 것이라는 것이 보편적인 인식이 되었다. 남북 주민의 적대의식과 분리의식은 남북한 통합과정에서 해결해야 할 커다란 과제가 되었다.[2)]

우리 사회에서 문화 분단과 문화적 이질감이 통일의 최고 난제가 된 것은 소통 없이 지나온 남북관계의 경과 때문이다. 분단을 바라보는 시선은 남북관계, 상황에 따라서 달라진다. 남북관계는 기나 긴 대립

뜨고 볼 수 없는 지경)이었다. 왜곡과 오도의 일반화는 물론, 차마 논문이라고 하기에도, 책이라고 하기에도 가당찮은 글들이 버젓이 인쇄되어 공론화되는 것이 도무지 믿어지지 않았다. 북한에 대한 총체적 무지가 남북관계와 통일문제 전체를 왜곡하고 있었다. 나중에야 알게 되었다. '하루라도 북한을 욕하지 않고서는 이 사회가 온전히 돌아가지 않겠구나'라는 것을."

2) 박근혜 대통령은 2014년 드레스덴에서 통일 구상을 밝히면서, 베를린 장벽이 무너진 이후 독일에서 자유, 번영, 평화가 이루어졌듯이 한반도에서도 새로운 미래를 건설하기 위해서는 4가지 장벽 철폐가 필요하다는 점을 역설하였다. 4대 장벽은 '한반도 허리를 가르고 있는 군사적 대결의 장벽', '전쟁과 그 이후 지속된 대결과 대립으로 인한 불신의 장벽', '서로 다른 이념과 체제 속에서 오랜 기간 살아 온 남북한 주민의 사고와 삶의 방식 사이에 놓인 사회 · 문화적 장벽', '북한의 핵개발로 인한 국제사회의 북한 간에 조성된 다절과 고립의 장벽'이다.

통일 이후 사회통합의 중요성을 보여주는 독일통일 포스터

의 시간을 보냈지만 단일한 시선만이 있었던 것은 아니었다. 분단의 시간이 길어지면서 한국 국민에게 있어서 북한에 대한 인식도 달라졌다. 분단과 이산의 아픔 속에서 첨예하게 대립하였던 남북관계도 남북관계가 달라지면서 변화를 보였다. 남북의 대화가 시작되면서, 원조의 대상, 통일의 대상으로 북한을 바라보는 시각도 달라졌다. 시각이 달라졌다기보다는 북한에 대한 새로운 경험이 축적되면서 복잡한 시선을 갖게 되었다. 북한을 바라보는 다양한 시각은 남북관계에 대한 다양한 인식을 낳았다. 북한을 바라보는 남한 사회의 시선은 소통으로 이어지지는 못하였다. 소통하지 못하는 다양한 인식은 견고한 인식의 층위를 이루면서 남남갈등의 원인이 되고 있다.

오랜 분단체제는 남북의 상이한 정치체제 차원을 넘어 실재 하고 있는 사람들의 삶의 양식까지 변화시켰다. 소통의 경로를 막아 버렸다. 왜곡된 상황에서 상호 문화를 바라보는 시선이 공정할 수 있을 리가 없었다. 남북주민의 문화 수용 방식은 비정상적으로 이루어지고 있다.

북한에서 남한 문화의 수용 역시 금기, 범법의 영역이다. 북한에서 논의되고 있는 한류현상은 북한 체제의 통제 대상이다. 남한 주민의 북한 문화 수용은 방송언론을 통해 이루어진다. 치열한 방송언론의 경쟁 구도 속에서 북한에 대한 객관적 수용은 현실적으로 불가능에 가깝다.[3)]

남한 문화에서 북한이 수용되는 과정은 '반공', '민족', '호기심'의 대상이라고 할 수 있다. 북한 문화에 대한 인식은 북한을 경험하는 방식에 따라서 세대별로 큰 차이가 있다. 크게 광복과 전쟁을 직접적으로 경험했던 세대, 분단의 모순과 갈등을 경험했던 세대, 분단의 경험과 분단으로 인한 왜곡된 정책을 유산으로 물려받은 세대로 구분된다. 광복과 전쟁을 경험한 세대에게 북한은 미완의 광복을 위한 대상인 동시에 반공, 승공의 대상이다. 분단의 모순을 경험한 세대에게 있어서 북한은 우리 사회의 민주주의를 왜곡시키는 대상으로 보았다. 광복과 분단을 유산으로 물려받은 세대에게 북한은 경제적인 부담의 대상이 되었다.

세대별로 차이를 보이는 것은 북한을 체험하는 방식의 차이와 연결된다. 우리 사회에서 북한은 체제 경쟁의 대상이었다. 체제 경쟁에서 대한민국의 우위가 분명하게 밝혀진 1990년 이후에도 경쟁의식은 유지되고 있다. 무슨 수를 쓰던 이겨야 하는 대상이 되었다. 전후세대에

3) 정은미, "남북한 주민의 통일 의식 변화," 『다중전환의 도전과 비판사회학』 (2013년 비판사회학대회 발표자료집, 2013년 10월 26일), p.35 : "남한주민의 북한 문화 경험의 정도는 북한주민이 남한 문화 경험 정도보다 현저히 낮은 것으로 나타났다. 더욱이 남북관계의 악화가 장기화되면서 남북한 간 교류협력의 기회가 현격히 줄어들고, 매스컴을 통해 노출되는 북한 문화 관련 정보의 양이 크게 줄었으며, 북한 관련 정보 접근에 대한 정부의 통제가 강화되면서 남한주민이 북한 문화를 경험할 기회는 점차 줄어들고 있다."

게 북한은 언론이나 방송, 인터넷을 통해 접할 수 있는 대상이 되었다. 방송이나 인터넷을 통해 보여주는 북한의 모습은 정상적이기보다는 '이상하고, 정상이 아닌' 점이 부각된다. 방송의 치열한 시청률 경쟁, 언론의 프레임에서 벗어나기 어렵기 때문이다. 우리 사회에서 방송은 통일을 위한 공익적인 기능보다는 생존을 치열한 경쟁 속에서 시청률 경쟁에 올인하면서, 북한의 특이한 점이 부각되었다. 북한 사람이 늑대나 이리의 탈을 썼다고 생각하지는 않지만 함께 하기 쉽지 않다는 생각은 광범위하게 자리 잡았다고 할 수 있다.

전쟁기념관 형제상

남북 문화소통과 통일 차원에서 북한 문화에 대한 관리가 필요하다. 통일을 이루는 과정에서 남북문화 공동체 형성을 위해서는 남북의 문화 소통의 기회를 열고, 공식화된 접촉 기회를 확대해 나갈 구체적인 정책 대안이 제시되어야 한다. 분단 70년의 시간을 통해 굳어진 남북문화의 차이를 극복하는 문제는 미래지향적이고, 통일지향적인 차원에서 장기적이고 체계적인 정책이 필요하다.[4]

4) 전영선, "남북문화공통성 창출을 위한 방안,"『통일인문학』 61집, (건국대학교 인문학연구원, 2015), p.210 : "문화적 통합을 위해서는 민족문화의 정서와 가치의 기반과 생활문화의 보편적 이념 틀을 수용할 수 있는 문화적 소통 능력이 필요하다. 이는 통합을 위한 가치의 공유와 함께 문화적 차이를 인정하고, 차이를 차별이 아닌 문화적 특성으로 이해하는 지난(至難)한 인내력이 필요하다. 남북문화를 바라보는 시선

남북 언어의 현주소를 확인하고 언어통합을 위한 겨레말큰사전 공동편찬위원회 결성식

II. 분단과 냉전, '반공'의 윤리화

1. '미완의 광복'과 '반공'의 결합

북한 사회를 바라보는 출발이 된 것은 '반공'이었다. 광복이 되면서 국민 통합의 아젠다로서 '민족'이 호명되면서 '반공'과 결합하였다. 미

은 단기간에 형성된 것이 아니다. 분단 70년의 시간 동안 이념갈등의 산물이다. 분단의 시간 동안 문화적으로 체득되는 과정을 거치면서, 북한을 바라보는 강력한 프레임을 형성했기 때문이다. 단기적으로 결과를 얻을 수 있는 것도 아니고, 경제적으로 해결할 수 있는 문제도 아니다. 적대적 프레임을 해체 해 나가야 한다. 남북 사이에서 서로에 대해 보았던 불편한 시선을 거두어 나가야 한다. 내적 성숙을 통해 차이를 인정하는 과정과 적대적 프레임을 해체하는 실천적 과정으로 남북 문화의 소통 경로를 만들어 나가야 한다. 그리고 그 과정에서 공통성을 확인하고, 확대하면서 문화공동체로 나아가야 한다."

완의 민족 통일이 반공과 결합하면서, '반공을 통한 민족 통일과업의 완수'라는 구도가 완성되었다.

광복 이후 국제 사회의 정치적 대립은 한반도에도 직접적인 영향을 미쳤다. 일제강점기 동안 조국 광복을 위한 많은 노력이 있었지만 승리의 기억이 되지 못하는 광복으로 이어졌다. 대한민국 헌법 전문에서 밝힌 대한민국의 정통성인 대한민국 임시정부는 정부의 형태로 광복을 경험하지 못하였다. 개인적인 자격으로 입국하면서, 대한민국 정부는 광복의 정통성 문제를 겪게 되었다. 즉 대한민국의 광복은 상해임시정부의 노력이 아닌 강대국의 국제 정치적 산물로 이루어진 결과가 되었다. 이후 한반도의 상황은 첨예한 이념 대립으로 인한 분열을 겪었고, 분열의 극복이라는 과제가 주어졌다. 이념의 대립은 민족상잔의 전쟁으로 이어졌고, 종전 아닌 휴전으로 끝난 전쟁 이후 혼란한 사회 수습이라는 추가적인 과제가 주어졌다.

학생신분으로 입대하여 전차병이 된 것을 기념하는 조각

광복 이후 새롭게 시작된 근대국민국가 건설 사업은 국민을 하나로 단결시킬 당위적 목표가 필요하였다. 국민 통합 문제가 국가 차원에서 강력하게 추진되면서 '반공'과 '민족'이 통합의 아젠다로 호명되었다. '반공'과 '민족'의 결합은 '민족 중흥의 역사적 사명'으로서 '반공'을 통한 '통일'이라는 인식을 자리 잡게 하였다. 국가 목표로서 '반공'과 '민족'은 문화와 교육을 통해 강력한 영향력을 발휘하면서 국가 시책 차원을 넘어 '국민의 윤리'가 되었다. 통일 문제는 정치적 판단의 문제나 민족문화의 복원 문제가 아니라 국민이면 당연히 알아야 할 '윤리'가 된 것이다. 나아가 반공은 '민족정체성'과 결합되었다. 사회통합의 아젠다로민족과 반공이 결합되면서 반공주의 확산을 위한 사회총력적인 사업이 진행되었다.

반공의 구체적인 경험과 체현(體現)하는 것은 기억을 시간적, 공간

지리산에 새롭게 만들어진 '지리산 공비토벌 루트 안내도'

적으로 재현시키는 기념물과 교육이다. 박물관이나 기념비 등을 통해 반공의 구체적인 현장을 제시하고, 사회구성원에 대한 교육을 통해 사회화 한다. 전국 곳곳에서는 반공과 관련된 안보관광지, 참전탑, 전승탑이 세워졌고, 학교 교육을 통해 반공의 의미와 가치 내면화 교육이 진행되었다.[5)]

2. 학교로 간 반공

만화영화 〈똘이장군〉

학교는 반공 교육의 거점이 되었다. 반공이 국시가 되면서 학교가 반공전사를 육성하는 반공교육의 거점이 되었다. 학교는 교육을 통해 당 시대의 이념을 가장 적극적으로 반영하는 공간이다. 반공이 국시가 되면서, 학교 교육에서도 반공이 중요한 교육 목표로 자리 잡았다. 박정희 정권 시절 교육의 목표는 생산력과 기술력을 갖춘 경제성장을 달성할 수 있는 기술인과 분단 상황에서 공산주의와 이길 수 있는 승공인(勝共人)이었다. '투철한 반공정신'을 상징하는 이승복의 동상이 전국의 모든 학교에 세워졌고, 반공웅변대회, 반공포스터 대회 등을 통해 반공은 항시적인 교육이었다.

5) 남근우, "한민족(韓民族)의 준－종족화(準種族化)와 문화 분절화 : 김일성민족, 중국조선족, 자이니치 사회의 비교연구," 『국제정치연구』 제15집 제1호, (국제정치학회, 2012), p.248 : "북한은 동북아 동포사회와 공통성을 찾아볼 수 없는 자신만의 집단적 역사기억을 창조하였다. 북한의 집단적 역사기억의 가장 큰 특징은 개인의 기억이 집단의 기억으로 그리고 다시 민족의 기억으로 확대 재생산되었다는 점이다.

당시의 교육목표는 1968년 12월 5일, 국민교육의 지표로 내세운 '국민교육헌장'으로 구체화 되었다. 국민교육헌장에서 명시한 것은 국가와 민족의 발전을 숭고한 사명으로 인식하고, 참여와 봉사를 통해 부강한 국가건설을 위해 노력하자는 것이었다. 국가 발전이 개인의 발전과 직결된다는 것과 공산주의와 맞서 민주주의를 발전시키기 위한 신념과 긍지를 갖도록 하자는 것이 취지였다.

수업뿐만 아니라 '운동회'를 통해, 반공의 일상화가 추진되었다. 학교 운동회는 학생들이 참여하는 체육행사 차원을 넘어 마을 축제의 하나로서 진행되었다. 책상에 앉아 진행하는 교과교육과 달리 운동회는 학생과 학부모는 물론 마을 주민 전체가 참여하는 놀이의 형태로서 반공을 일상화 시켰다. 한반도에 운동회가 처음 등장한 것은 일제의 침략이 본격화되기 시작한 19세기 말이었다. 식민지화의 위협 속에 실시된 운동회는 실추된 국권 회복을 위한 성격이 강했다. 운동회를 통해 민족의식을 각성시키고, 애국심을 고취시키며 자주독립을 강조하는 마당으로 활용했다.[6]

체육교육의 이념은 '체력은 국력'이라는 것으로 체력향상을 통해 국력을 키우자는 국가주의 이념이 그대로 반영되었다. 운동회의 종목은 '재건', '애국', '새마을', '반공', '통일', '분식장려', '민방위 훈련' 등이었고, '재건 가장 행렬', '잡았다 간첩', '적진 폭파', '멸공체조', '김일성잡기 달리기', '적기를 뺏아라' 등이었다.[7]

학교에서 반공교육은 정치의 문제가 아닌 윤리의 문제로 수용되었

6) 이에 대해서는 이학래, 『한국체육백년사』 (한국학술정보, 2003), p.99 참고.

7) 운동회의 구체적인 종목과 내용에 대해서는 곽지섭, "국가이념 투영의 공간, 운동회 –박정희 정부 시기 운동회를 중심으로," (건국대학교 사학과 석사학위논문, 2011) 참고.

다. 대한민국 국민에서 반공은 선택이 아닌 대한민국 국민으로서 당연히 지녀야 할 도덕적 소양, 민족적 사명의 윤리로 수용되면서, 남북 문제를 객관적 장에서 논의할 수 없는 도덕의 영역이 되었다. 반공의 윤리화는 이후 국민윤리, 교련으로 이어지면서 '반공의 신체화' 과정을 거쳤고, 대한민국의 정체성을 규정하는 이데올로기로서 역할이 공고해 졌다.

이승복기념관의 이승복상

3. 북한, 대중문화의 중심이 되다

반공이 국가 정책의 가장 중요한 원칙이 되면서, 국가가 반공을 확산하는 주체이자 후견자가 되었다. 국가의 개입이 가장 두드러진 분야는 문화분야, 특히 영화분야였다. 국가가 문화정책을 빌미로 반공영화 제작의 후견자를 자임하였다. 광복 이후 1970년대까지 대중문화의 가장 많은 소재가 된 것은 광복과 관련한 독립투사의 이야기, 반공영화, 월남전 파병 용사와 관련한 것이었다. 1960년대 들면서 정부의 방공이라는 국가 정책을 적극적으로 홍보할 필요성이 높아지면서 영화를 정책 홍보 수단으로 활용하면서 반공영화가 제작되었다. 1961년 6월에 공보부 산하에 국립영화제작소가 설립되었고, 영화상영에 앞서 문화영화를 동시에 상영하는 규정을 둔 영화법이 만들어 지고, 1962년에 '문화영화진흥위원회'가 발족되면서 문화영화에 대한 지원이 늘었다. 이러한 상황 속에서 반공영화는 국가의 지원을 받아 제작할 수 있는 가장 좋은 소재였다.

반공을 명분으로 한 모든 내용을 영화로 수용하였다. 반공이라는 국시(國是)와 교양과 오락의 집합체로 등장하게 되었다. 남북 분단 이후 '남북관계'나 '북한'은 가장 일반적인 대중문화의 소재의 하나가 되었다. '분단'이라는 현실, '전쟁'이라는 구체적인 체험이 대중문화에 반영되면서, 대중문화의 오락 이상의 기능을 수행하였다. 여기에 국가의 정책적 지원이 이루어지면서 반공영화는 반공이라는 국시를 국민에게 교양하는 국민교양의 수단이자 액션과 로맨스, 첩보의 대중성을 자유롭게 결합할 수 있는 오락물이었다.[8)]

8) 전쟁의 비극과 용감한 군인을 주인공으로 하는 전쟁물도 있었고, 자유 대한에 몰래 숨어들은 간첩을 일망타진하는 첩보대의 활약을 그린 수사물도 있었다. 간첩으로 지령을 받고 임무를 수행하다 사랑에 빠진 미모의 스파이를 주인공으로 하는 스파이영화도 있다. 이념이 다른 남녀가 만나 자유대한의 품에 안기면서 사랑하는 사람을 찾게 되는 멜로물도 있었고, 일본을 배경으로 조총련의 음모를 박살내는 멋진 액션도 있었고, 간첩 때문에 벌어지는 좌충우돌 코미디물도 있었다. 남북관계, 통일문

분단의 아픔을 그린 영화 〈남과북〉

남북관계를 소재로 한 영화나 드라마에서는 북한 정권의 부도덕성을 드러내고, 승공의 당위성을 보여주려고 하였다. 북한은 도덕적으로 부정한 존재, 나아가 폭력적이고, 야만적인 인물로 설정되었다. 대중문화에서 이미지를 그리는 방식은 약자에 대한 태도를 통해 분명하게 드러났다. 즉 여성이나 청소년, 노인에 대한 태도를 통해 선악이 대립되었다. 좋은 편에서는 약자를 보호하기 위해서 기꺼이 목숨까지 내놓는 숭고함을 보이는 반면, 악인은 사회적 약자에 대해 폭력을 가하고, 괴롭히는 존재로 설정 되었다.

남북관계를 그린 대중문화에서는 이러한 선악 구도가 분명하게 드러났다. 약자를 보호하기 위해서 목숨을 거는 영웅으로서 군인과 여자나 어린아이를 정치적 목적으로 이용하고, 유린하는 북한군은 반드시

제를 다룬 영화가 다양한 장르로 만들어진 것은 이 시대의 대중적인 정서가 분단문제로부터 벗어날 수 없었기 때문이었다.

싸워서 이겨야 하고, 어떤 논리나 이유를 벗어나서도 함께할 수 없는 뿔 달린 짐승이나 다름없이 그려졌다. 북한을 표현하는 용어로 '야수', '짐승'이 선택되었다. 인간 이하의 존재, 부도덕성을 드러내는 어휘가 북한이라는 말과 동일시되었다. 가장 비인간적인 면을 드러내는 극단은 부도덕을 넘어 '야만인', '야수', '짐승'으로 그리는 것이었다. 만화영화 '똘이장군' 시리즈에서 북한의 지도 세력을 '붉은 돼지'와 '늑대'로 그려졌다. 이러한 이미지는 북한을 바라보는 당대 사회의 시각을 보여주는 것이라 하겠다.

4. 대중문화에 투영된 북한 상(像)

남북의 대립 관계는 대중문화에도 고스란히 반영되었다. 대중문화는 당대 대중의 심리상태를 드러내는 척도였다. 대중문화에서 북한은 심리적으로 적이라는 이미지가 굳어지게 되었다. 영화나 드라마와 같은 대중문화의 가장 일반적인 구도는 의도한 기준에 따라서 '선'과 '악'을 대립시키는 방식이다. 선과 악이 대립하고, 아슬아슬한 싸움을 통해 선이 승리하는 구도는 가장 단순하면서도 보편적인 대중문화의 구도이다. 우리의 대중문화에서 선과 악이 어떻게 설정되었는지를 통해서 당대인들의 인식을 엿볼 수 있다. 반공을 국시로 하는 시기, 악의 대상은 당연하게 '북한'이었다.

간첩과 정보원, 국군과 인민군, 조총련과 민단의 대립 구조는 남북관계를 소재로 한 영화나 드라마의 단골 구도였다. 대한민국을 대표하는 영화감독으로 반공영화를 만들지 않은 감독은 없을 정도로 반공영화는 일반인이 즐기는 문화였다. 영화에서 결론은 이미 결정되어 있었다. 어떤 식으로든 국민들에게 승리의 확신을 보여주어야 했고, 도덕적 우월감과 자신감을 심어주어야 했다. 이기는 쪽은 언제나 남한이었다. 이긴다는 결론은 이미 내려져 있었고, 어떻게 이길 것인가, 어떻게 극적으로 이길 것인가의 문제였다. 승리는 언제나 국군이었지만 모든 전투가 쉽게 승리한 것은 아니었다는 것을 보여주고자 했다. 정신적으로도 적을 압도해야 했다. 승리로 이끄는 과정에서는 보이지 않은 희생이 있었고, 그 희생을 기억할 것을 강조했다. 지금 살고 있는 이 땅이 고귀한 희생 위에 만들어졌다는 것을 보여주고자 하였다.[9)]

공산주의자의 만행을 고발하는 내용의 영화가 만들어 졌다. 이념에 따라서 공산주의자가 되었다가도 공산당의 만행을 보면서 공산당에 회의를 느끼고 자유주의로 돌아왔고, 반공이라는 하나의 목표 아래 병사들의 갈등이나 가족 간의 갈등도 온전하게 해소되었다. 하나 밖에 없는 소중한 목숨도 조국과 전우를 위해서, 그리고 반공을 위해서 기꺼이 희생하는 인물들의 숭고한 희생을 통해 대중의 감성을 자극하였다.[10)]

남북 대립의 영화는 한반도를 넘어 이국의 땅에서도 이어졌다. 남북의 대결은 한반도 내부에만 국한된 문제가 아니었다. 남북의 대립은

9) 전쟁영화에서 강조한 것은 희생 없는 승리는 없었다는 것이었다. 적진에 뛰어 들어 임무를 완수하는 해병대의 이야기를 그린 〈5인의 해병〉(1961), 흥남 주둔 소련군 딸과 반공청년 사이의 비극적인 사랑을 그린 〈두고 온 산하〉(1962), 공군조종사의 작전 수행 임무를 그린 〈빨간 마후라〉(1964), 〈돌아오지 않는 해병〉(1963), 〈적진 삼백리〉(1965), 〈피어린 구월산〉(1965) 등의 작품에서 조국의 부름을 받은 군인의 모습, 조국을 위해서 기꺼이 목숨을 바친 용감한 국인을 호명했다. 전쟁영화는 이 땅의 자유와 평화를 지켜내기 위해서 목숨을 바친 군인들의 이야기를 스크린으로 옮겼다.

10) 술집에서 바걸로 일하는 스파이 마가렛과 방첩대 대위 영철의 운명적인 사랑을 그린 〈운명의 손〉(1954), 빨치산 생활에 환멸을 느끼고 귀순한다는 〈피아골〉(1955), 자신의 과오를 뉘우치고 자유의 품에 안긴다는 〈자유전선〉(1955), 〈두고 온 산하〉(1962년), 〈7인의 여포로〉(1965) 등의 영화가 있다.

한반도를 넘어서는 문제였다. 동시에 남북의 분단은 한반도 내의 분단과 함께 해외동포 사회의 분단이었다. 반공영화를 통해 제시되었던 분단 문제는 해외로 무대를 옮겨 남북의 대결의 영화로 만들어 졌다. 가장 많이 이용된 것은 일본이었다. 일본을 소재로 남북의 대결을 그린 영화는 1960년대 후반부터 본격적으로 등장하기 시작하여 1980년대까지 이어졌다.[11]

일본이 대상이 된 것은 이국으로서 관객의 호기심을 자극할 수 있는 매력적인 배경이 될 수 있었고, 일본 동포 사회가 한반도 분단의 현장을 그대로 옮겨놓은 듯이 이념대결이 치열했기 때문이었다. 남북관계가 달라지면서 분단을 바라보는 시각도 바뀌었고, 영화적 매력도 약해졌다. 재일동포를 대상으로 한 모국방문 사업이 본격화되고, 대한민국의 국제적 위상이 알려진 이후에는 일본을 배경으로 한 영화는 크게 줄어들었다. 무대는 독일로도 옮겨졌다. 2012년에 제작된 〈베를린〉은 국제적인 음모 도시가 된 베를린에서 벌어지는 북한 내부의 권력을 중심축으로 벌어지는 사건을 다루었다. 2008년 김정일의 건강 악화 소식이 들려오면서 북한 내의 권력 암투를 모티브로 벌어지는 사건을 소재로 하였다.

남북관계의 변화, 북한 체제의 위기는 북한을 보는 다양한 시각을 형성하였다. '핵개발', '테러', '인권'이 북한을 보는 프레임으로 등장하였

11) 일본을 무대로 남북의 대결을 그린 영화로는 〈제삼지대〉(1968), 〈동경특파원〉(1968), 〈황혼의 부르스〉(1968), 〈0시의 부르스〉)(1969), 〈동경의 왼손잡이〉(1969), 〈국경의 밤〉(1970), 〈굿바이 東京〉(1970), 〈엑스포(EXPO) 칠십 동경작전〉(1970), 〈분노의 세 얼굴〉(1972), 〈조총련〉(1974), 〈검은 띠의 후계자〉(1976), 〈악충〉(1976), 〈혈육애〉(1976), 〈고슴도치〉(1977), 〈표적〉(1977), 〈오사까의 외로운 별〉(1980), 〈안녕 도오쿄〉(1985), 〈오사까 대부〉(1986) 등이 있다. 남한을 배경으로 한 첩보영화가 일본이라는 낯선 땅을 배경으로 하였다는 점만 차이 날 뿐 북한 공작원과 남한 첩보원의 대결이라는 구도는 여전했다.

다. 1980년대까지 '반공'이 북한을 바라보는 프레임이었다면 2000년 이후 북한은 '핵개발', '테러', '인권'이 북한을 바라보는 프레임이 되었다. 영화 〈태풍〉, 〈겨울나비〉, 〈48m〉, 〈신이 보낸 사람〉, 〈김정일리아〉, 〈디어 평양〉, 〈굿바이 평양〉, 〈R2B : Return to Base〉, 〈백악관 최후의 날〉 등의 영화는 북한을 바라보는 우리 사회의 대중적 인식의 변화를 보여준다. 이들 영화에서 보여주는 북한에 대한 시각은 여전히 위험하고, 반인권적이다. 남북 대립의 시절, 치열했던 '반공'을 대체하는 프레임이라고 할 수 있다. 남북의 이념대결과 대립의식은 남북관계의 우위가 분명하게 드러난 1990년 이후에도 해소되지 않고, 다른 형태와 프레임으로 우리 사회에서 여전히 지속되고 있음을 보여준다.

북한군의 기습 공격을 가상한 영화,
〈R2B: 리턴투베이스〉

남북관계를 소재로 한 대중문화는 북한에 대한 정보와 북한 문화를 수용하는 가장 일반적인 방법 중의 하나이다. 오늘날까지 이어지는 북한의 이미지의 상당 부분은 일반인들이 접하는 대중문화를 통해 형성된 것이라고 할 수 있다. 문화는 단순하게 수용되는 것이 아니라 수용과 함께 이미지를 만들어 나간다. 대중문화를 통해 북한 정보를 수용하고, 북한 문화를 접하게 된다는 것은 곧 북한에 대한 가치관을 형성하는 과정이라고 할 수 있다.

남북관계를 소재로 한 영화나 드라마에서는 북한에 대한 이미지가 투영되어 있다. 대중문화 속에 그려진 '북한' 이미지는 부정적이다. 이는 한국 국민들이 북한에 대해 느끼는 보편적 심상(心象)을 보여주는 것이다. 그것은 문화와 산업이 결합하기 때문에 대중적 정서에 맞지 않은 대중문화는 성공할 수 없기 때문에 대중적 정서에 민감하게 반응한다. 북한을 소재로 한 영화가 계속 창작되고 있는 이유는 우리 사회에서 북한을 떨칠 수 없는 상대이기에, 우리 대중문화에서 북한은 가장 한국적인 창작 소재로 활용될 것이다.

6.25를 소재로 한 그림 속의 북한군

Ⅲ. 북한 문화 수용 경로

1. 문학예술, 북한을 만나다

분단과 전쟁 이후 계속되었던 대립의식은 1980년대를 지나면서 일정 정도 변화한다. 계기는 1988년 서울 올림픽이었다. 올림픽을 계기로 남북의 국력 우위가 분명하게 드러났다. 남한 국제적인 행사를 치러냄으로써, 국제사회의 일원으로서 당당히 이름을 알렸다. 대한민국의 경제성장은 남북관계에서도 자신감으로 이어졌고, 북한을 통일의 대상으로 다시 보기 시작하였다. 국력 우위를 바탕으로 분단의 재인식이 시작되었다. 해외 여행이 자유화되면서 월북 작가에 대한 해금조치도 이어졌다. 통일대상으로 북한을 재인식 하면서 '북한 바로 알기' 등을 통해서 북한의 실상을 파악하는 조사 연구가 이루어지기 시작하였다. 1990년 이후 대화파트너로서 북한의 존재를 인정하면서, 문화계에서도 북한이나 북한이탈주민을 소재로 한 작품이 발표되기 시작하였다. 1990년대 이후 국제적인 해빙 무드는 남북관계에서도 상당한 변화를 주었다. 1990년대 중반 이후 본격화된 북한 주민의 탈북 현상과 북한이탈주민의 국내 유입에 주목하기 시작하였다.

남북관계 변화와 함께 한중수교가 이루어지면서 비공식적인 루트를 통해 남북 주민의 접촉이 이루어지기 시작하였고, 이를 소재로 한 문학작품이 발표되었다. 분단 시기 금기되었던 남북의 접촉과 만남이 소설로 다루어지기 시작하였다. 주요 작품으로는 이문열의 〈아우와의 만남〉, 홍상화의 〈어머니 마음〉, 최윤의 〈아버지의 감시〉, 이원규의 〈강물은 바람을 안고 운다〉, 이호철의 〈보고드리옵니다〉 등의 소설이 있었다. 이들 소설에는 작품에서 주인공들은 개인적 경로를 통해 북한

타국 땅 우즈베키스탄에서 농촌총각과 탈북여성의 만남을 소재로 한 영화
〈나의 결혼원정기〉

사람과 접촉이 이루어지기 시작하였다.[12)]

1990년 이후 탈북 문제를 다룬 소설로는 최윤, 〈아버지 감시〉(소설집 『저기 소리없이 한잎 꽃잎이 지고』, 문학과지성사, 1992), 김지수, 〈무거운 생〉(『창작과비평』, 1996년 가을), 박덕규, 〈노루사냥〉(『한국소설』, 1996년 가을), 박덕규, 〈함께 있어도 외로움에 떠는 당신들〉(『함

12) 〈아우와의 만남〉, 〈어머니 마음〉에서는 그 만남을 계획하고 중국을 방문해서 혈육인 이복동생과 아버지를 만나고, 〈아버지의 감시〉에서는 북한에서 중공으로 탈출해 사는 아버지를 파리로 초청해서 지내고 있으며, 〈강물은 바람을 안고 운다〉, 〈보고 드리옵니다〉 등에서는 러시아와 폴란드 여행 중에 북한 주민과 접촉한 내용을 다루고 있으며, 〈혜산가는 길〉에서는 압록강 접경 마을에 산다는 어머니를 만나러 간 긴 여정을 중심 줄거리로 삼고 있다. 이처럼 1990년대 남북한 상봉을 다룬 소설들은 적대국간의 불법적인 민간 교류를 문제삼는 창작적 모험을 노정하고 있다. 이에 관해서는 박덕규, "1990년대 남북한 정세와 통일지향의 소설작품," 『동아시아의 남북한 문화예술연구』 (단국대학교 한국문화기술연구소 제8회 국제학술심포지엄자료집, 2009), pp.10~11 참고.

께 있어도 외로움에 떠는 당신들』, 웅진, 1999), 박덕규, 〈동화읽는 여자〉, 박덕규, 〈세 사람〉(『동서문학』, 1998년 봄), 박덕규, 〈고양이 살리기〉(청동거울, 2004), 정을병, 〈남과 북〉(『꽃과 그늘』, 개미, 2001), 김정현, 장편 〈길 없는 사람들 1,2,3〉(문이당, 2003), 김남일, 〈중국 베트남어 회화〉(실천문학, 2004년 여름호), 전성태, 〈강을 건너는 사람들〉(『문학수첩』, 2005년 가을), 문순태, 〈울타리〉(『울타리』, 이룸, 2006), 정철훈, 〈인간의 악보〉(민음사, 2006), 권리, 〈왼손잡이 미스터 리〉(『문학수첩』, 2007), 정도상, 〈찔레꽃〉(창작과비평사, 2008), 이대환, 〈큰돈과 콘돔〉(실천문학사, 2008), 리지명, 〈삶은 어디에〉(아이엘엔피, 2008) 등이 있다. 이들 작품은 남북의 현실과 북한이탈주민의 정착 문제를 통해 남북 문화의 차이를 그렸다.

저작권 교류를 통해 남한에 소개 된 홍석중의 소설 〈황진이〉

2. 남북교류와 북한 문화 수용

남북 문화교류의 경로는 크게 두 가지이다. 하나는 직접적인 교류를 통해 북한 문화를 접하는 방식이고, 다른 하나는 간접적으로 경험하는 방식이다. 직접적인 북한 문화 수용에는 북한을 방문하여 북한 사람과 접촉하면서 이루어지는 것이다. 남북관계가 전환되면서 북한을 직접 방문하거나 북한 주민의 방남이 성사되었다. 금강산이나 개성 관광, 아리랑 참관이나 남북협력 사업을 위해 북한을 방문할 수 있는 기회가 늘어났고, 이런 방문기회를 통해 북한 주민과 직접 접촉하면서 북한 문화에 대한 경험을 하게 되었다.

남북한의 근로자들이 공동으로 근무하고 있는 개성공단은 남북 문화의 현장과 차이를 보여주는 가장 직접적인 공간이다. 남북관계 경색 속에서도 개성공단이 꾸준히 작동되었고, 남북의 근로자들이 한 자리에 모여 생활하면서 남북 문화의 차이가 어떻게 드러나는 지를 경험할 수 있는 공간이 되었다.[13)]

13) 개성공단과 관련한 다양한 보고서들이 나왔다. 특히 생활문화, 일상에서의 차이를 정리한 김진향 외, 『개성공단 사람들』(내일을여는책, 2015)은 오랫동안 현장에서 남북 주민이 함께 생활하면서 느꼈던 차이를 잘 정리한 책이다. 남북의 문화 차이를 느꼈던 대목 몇 곳을 소개하면 다음과 같다. p.26 : "우리 사회의 '자유'의 개념과 북한 사회의 '자유'개념은 다르다. '노동'과 '고용', '경제'의 개념도 다르다. 북측에는 '임금'이라는 개념은 아예 없고 다만 '생활비'라는 개념이 있을 뿐이다." ; p.37 : "우리처럼 고도의 경쟁사회에서 살아온 사람들이 아니어서 개인적 경쟁심은 별로 없다. 다만 집단적 경쟁심은 남다르다. 돈과 자본의 가치개념이 희박한 것도 사실이다. 이제 배우는 수준이다. 그들의 입장에서 보면 우리 남측 사람들은 '모든 것에 돈, 돈, 돈만 앞세우는 참으로 정 없고 야박한 사람들'이다. 이해할 수 있을지 모르겠다." ; pp.38~39 : "도로교통 질서에 대한 관념도 우리와 다르다. 개성공단 초기 북측 사람들은 "우리는 눈이 기준입네다. 사람 눈이 가장 정확합네다"라고 말하곤 했다. 제도와 법을 기본으로 인식하는 우리와 달리, 그들은 빨간 신호가 들어와도 차가 없으면 길을 건넌다. 만일 그런 그들에게 한마디를 하면, "차량은 눈 닦고 봐도

다른 한편으로 북한이탈주민의 숫자가 증가하면서 한국 국민의 삶 속으로 북한 주민이 들어오게 되면서, 북한이탈주민과의 접촉 경험이 생겨났다. 북한이탈주민과의 접촉은 지역사회, 직장, 학교 등에서 광범위하게 일어나고 있다. 북한이탈주민을 통해서 접하게 되는 대상은 생활문화의 영역과 예술의 영역이다. 일상에서 만날 수 있는 생활문화가 있고, 다른 하나는 북한 예술 영역이다. 북한예술을 직업으로 하는 예술단이 생겨나면서 북한 문화의 매개자로서 일정 기능을 하고 있다.

간접적인 수용 창구로는 방송이나 언론, 인터넷, 통일교육 프로그램 등이 있다. 남북관계가 달라지고, 현실적인 대화 상대로서 북한을 인정하고, 남북대화가 전개되면서 '지피지기'의 차원에서 북한 문제를 방송과 언론에서 적극적으로 다루기 시작하였다. 특히 종합편성채널이 늘어나면서 방송을 통한 북한 문화의 간접적 접촉이 크게 확대되었다. 오늘날에도 북한 정보나 북한 문화에 대한 경험의 대부분은 방송과 언론을 통해서 이루어지고 있다. 청년세대에게 있어서는 인터넷이 북한을 접하는 중요한 창구이다. 인터넷 주요 포털을 통해 북한 영화나 북한 만화영화, 북한 음악 등이 별다른 제한 없이 손쉽게 접할 수 있게 되었다.

없는데 왜 바보같이 우두커니 서서 안건너십네까?"라는 타박이 돌아온다. 개성공단 내에서 교통법규에 대한 약속과 합의가 없던 시절, 우리는 신호등을 무시하고 건너는 그들을 우리 기준에서 미개하고 무질서하다고 폄하했다. 우리 기준의 일방적 규정이고 몰이해였다."

2014년 인천아시안게임에 참가한 북한 선수단

3. 문화예술 교류사업을 통한 북한 문화 수용

앞서 이야기했던 북한이나 통일 등을 소재로 한 대중문화도 한국 국민에게 있어 북한 문화를 수용하는 중요한 통로이다. 남북관계를 소재로 한 소설이나 영화가 다양한 형태로 대중들에게 공급되고 있다. 현실과 다른 예술의 영역으로 보기보다는 개연성이 높은 것으로 인식하게 되었다. 남북 사이에 저작권 교류가 본격화되면서 북한 문화 수용이 공식화되었다.

1980년대까지 금기시 되었던 북한 출판물을 비롯한 북한 문화예술이 월북작가, 예술인에 대한 해금조치가 내려진 1990년 이후 본격적으로 유통되기 시작하였다. 1990년 이전까지 북측의 저작물은 일반인의 접근 자체가 가능하지 않았다. 북측 자료는 남북 대립과 갈등시기 문헌자료를 중심으로 '불온문서'로서 엄격히 관리되었으며, 자료의 접근도 제한되었다. 북한자료라고 할 때는 일반적으로 북한에서 만들어진 자료나 북한과 관련한 자료를 의미한다. 현재 북한자료와 관련한 자료는 특수자료로 분류되어 「특수자료취급지침」에 의해 관리되었다.[14)]

남북관계 변화에 따라 북한 문화를 수용할 수 있는 직접적인 창구가 열렸다. 남북 저작권 문제는 1988년 납 · 월북 작가에 대한 해금조치가 이루어지면서 이들의 작품을 중심으로 한 출판이 시작된 이후 남북교류의 중요한 문제가 되었다. 남북 사이에 저작권 문제가 본격적으로 제기된 것은 1990년대이다. 납 · 월북 작가에 대한 해금조치가 이루어지기 이전까지는 불법 복제의 형태로 유통되었다.[15)]

남북 사이에 저작권 교류를 통한 북한 문화수용은 반공이라는 프레임으로 북한을 바라보던 시각과는 다른 새로운 문화수용의 경로가 되었다. 저작권을 통한 북한 문화수용 방식은 크게 4가지이다. 첫째, 북

14) 「특수자료취급지침」은 대통령령 제15136호 『정보 및 보안업무 기획조정규정』 제4조 제6호 및 제5조에 의거하여 마련되었으며, 지침은 1970년 2월 16일 제정되어 2003년까지 다섯 번의 개정과정을 거쳤다. 「특수자료취급지침」에서는 특수자료를 다음과 같이 규정하고 있다. "특수자료"라 함은 간행물, 녹음테이프, 영상물, 전자출판물 등 일체의 대중전달 매개체로서 관련기관에서 비밀로 분류한 것을 제외한 다음 각 호에 해당하는 자료를 말한다. 1. 북한 또는 반국가단체에서 제작, 발행된 정치적 · 이념적 자료 2. 북한 및 반국가단체와 그 구성원의 활동을 찬양, 선전하는 내용 3. 공산주의 이념이나 체제를 찬양, 선전하는 내용 4. 대한민국의 정통성을 부인하거나 자유민주주의 체제를 부정하는 내용 등이다. 기타 특수자료의 판단 여부가 어려운 경우에는 감독부처를 경유하여 통일부에 문의하고, 통일부에서는 필요시 국가정보원장과 협의할 수 있다고 규정하고 있다. 이와 관련해서는 이우영 · 전영선 · 이미경, 『북한 영상물 열람제도 개선 방안 연구』 (서울: 국회통일외교통상위원회, 2007) 참조.

15) 저작권 문제와 관련해서는 김상호, 『북한 저작물 권리보호에 관한 연구』 (저작권심의조정위원회, 1990); 조수선, "남북교류상의 출판 · 영상 · 음반물에 관한 저작권 협력방안," 『신진연구자 북한 및 통일관련 논문집』 (통일부, 2001) 참조.

한 저작물을 그대로 수입하여 판매하는 형태이다. 북측 저작물의 판매는 정부의 허가를 받은 일부 기관에서 수입하여 특수자료 취급 기관에 공급하고 있다. 북측에서 생산된 저작물을 그대로 판매하는 것이기 때문에 저작권보다는 물자 반입에 해당한다. 남북 문화교류 초기 단계에서는 북한의 미술품 전시와 같은 단순 반입형태가 중심이었다. 둘째, 북측 출판물을 계약을 맺고 재출판하는 경우이다. 북한의 출판물이 남한에서 새롭게 출판되는 사례이다. 홍석중의 소설 〈황진이〉를 비롯하여 〈주몽〉, 〈안용복〉 등의 북측 저작물을 남한에서 출판하는 경우이다. 셋째, 2차 저작물을 2차적으로 활용하는 경우이다. 소설 〈황진이〉를 원작으로 하는 영화 〈황진이〉, 소설 〈삭풍〉을 토대로 한 역사드라마 〈사육신〉의 제작, 영화 〈간 큰 가족〉의 삽입곡으로 활용한 가요 〈반갑습니다〉 등이 있다. 넷째, 기획을 통한 교류임. 북한의 생활가요를 새로운 음반으로 제작한 〈동인〉의 출시, 금강산가극단의 기획음반 등이 해당한다.

남북 저작권 협력을 통해 만들어진 영화 〈황진이〉

4. 북한이탈주민을 통한 북한 문화 수용

북한이탈주민이 늘어나면서 남북한 주민의 만남이 이루어지기 시작하였다. 북한이탈주민은 북한 체제가 싫어서 탈북하였지만 이들이 북한에서 성장하면서 축적된 문화적 경험마저 온전하게 두고 온 것은 아니었다. 북한 주민은 일상의 문화와 문화예술을 전달하는 매개자가 되었다. 남북한 주민의 만남이 잦아지면서 북한이탈주민에 대한 일정한 개념, 관념이 형성되었다. 북한이탈주민에 대한 정보는 직접적인 경험도 있지만 대부분은 간접적인 경로를 통해 획득된 것이다. 북한 문제와 비슷하게 북한이탈주민의 문제 역시 언론이나 방송을 통해 대부분의 정보를 얻고 있다.[16] 북한이탈주민에 대한 시선은 긍정적이기보다는 부정적인 시선이 많다. 이는 직접적으로 경험한 소수의 사례를 북한이탈주민 전체로 확대 해석하여 일반화하거나 북한을 바라보는 시선을 그대로 북한이탈주민에게 투사하는 경향 때문에 발생하는 문제이다.[17]

북한이탈주민의 문화경험은 남북문화의 공존의 시험대가 되었다. 남북의 사회적 차이, 문화적 차이는 북한이탈주민의 문화적응에 상당한 어려움으로 작용하고 있다. 많은 북한이탈주민이 남한 주민과의 문화적 소통, 사회적 관계 형성에 어려움을 겪고 있다. 북한이탈주민이 낯선 환경, 새로운 환경이라는 점에서 북한이탈주민의 남한 사회 적응은 새로운 환경에 적응해야 하는 이주민의 경우와 유사한 양상을 보이

16) 엄한아, "한국언론의 탈북민 보도 프레임 분석," (이화여자대학교 북한학과 석사학위논문, 2015), p.3 : "탈북민의 성공적인 정착을 위해서는 한국 국민들이 탈북민들에 대해 가지는 심리적 거리감의 원인을 파악하고 해결하는 것이 첫 번째 과제일 것이다. …탈북민과 직접적인 접촉이 없는 대부분의 한국 국민들은 탈북민에 대한 정보를 언론이나 미디어를 통해 얻게 되기 때문이다."

17) 북한이탈주민의 경우에는 남북한 사회의 상이한 체제로 인한 문화적 차이를 극복하지 못하고 갈등을 겪는데, 이는 남한 사회의 선택과 자율적 관행에 잘 적응하지 못하는데서 야기되는 무시, 몰이해, 소외, 외로움 등의 심리적 측면의 어려움을 겪고 있다. 남북한 주민의 문화적 차이와 시선에 대해서는 전영선, "북한이탈주민과 한국인의 집단적 경계 만들기 또는 은밀한 적대감," 『통일인문학논총』 제58집, (건국대 인문학연구원, 2014) 참고.

고 있다. 북한이탈주민이 정착 과정에서 겪는 문화적 차이는 불편을 넘어 정착의 성패를 결정하는 요인이 되기도 한다.

북한이탈여성을 결혼배우자로 소개하는 결혼정보 업체도 생겨났고, 북한이탈주민이 증가하면서 남한 주민과 결혼한 북한출신 배우자가 가정을 이루는 '남북한 이문화 부부가정'이 생겨났다.[18] 남북한 출신의 배우가 부부가 되는 경우에는 배우자 당사자는 물론 배우자와 관련한 부모형제, 친척은 물론 친구들까지 새로운 관계가 형성되게 된다. 남북한 이문화 부부의 경우에는 일반적인 가족과정 문제들과 부부 각자가 가진 문화적 맥락 및 의미체계들에 관한 이해가 부족해서 발생하는 이중적인 갈등을 경험한다.[19]

북한이탈주민이 증가하면서 북한에서 배운 전문성을 직업으로 하는 예술단이 생겨나면서, 일반인들이 북한 문화를 접하게 되는 새로운 창구가 되었다. 북한이탈주민예술단은 대중을 상대로 한 각종 행사장과 텔레비전 방송 등을 통해 활동 영역을 확대하고 있다. 한국 국민들이 행사장에서 북한예술단을 접하는 것이 그리 어렵지 않게 되면서 자연스럽게 남한 주민에게는 금기시되는 북한의 노래, 북한 예술을 접하게 되었다.[20]

18) 이민영은 북한출신 배우자와 남한출신 배우가 가정을 이룬 배우자의 문화적 차이를 주목하면서 '남북한 이문화 부부'로 규정하였다. 이에 대해서는 이민영, 『남북한 이문화 부부의 통일이야기－북한이탈주민과 남한주민의 결혼 생활에 관한 네러티브 연구－』(한국학술정보, 2007) 참고.

19) 북한이탈주민과 남한 출신 배우자의 문화적 갈등에 대해서는 이민영, 『남북한 이문화 부부의 통일이야기－북한이탈주민과 남한주민의 결혼 생활에 관한 네러티브 연구－』(파주: 한국학술정보, 2007); 최효정, "구술생애사로 본 '남북부부'의 결혼생활," (동국대학교 북한학과 석사학위논문, 2013) 참고.

20) 탈북예술단의 공연을 접하는 남한 주민의 입장에서는 그대로를 온전하게 북한 문화로 수용하려는 경향을 보인다. 하지만 온전하게 북한 문화예술로 보기에는 어려움이 있다. 탈북예술단의 프로그램은 북한 문화예술을 토대로 한국식으로 재구성된

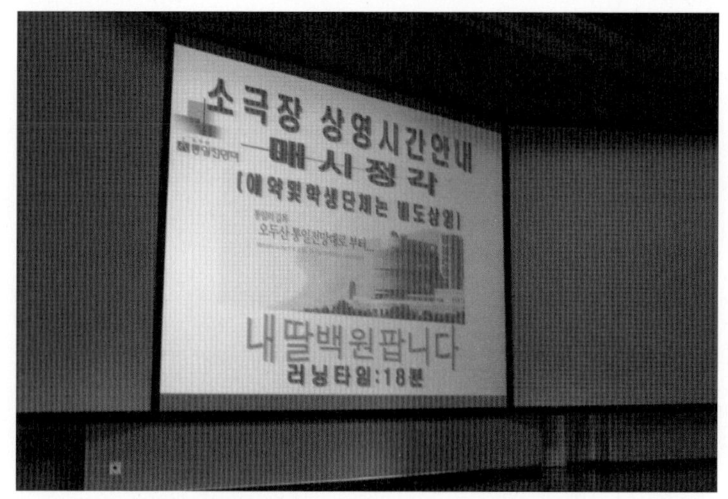

북한이탈주민을 통해 북한 내부의 소식이 알려졌다

5. 방송 · 언론, 인터넷을 통한 북한 문화 수용

1) 방송을 통한 북한 및 북한 문화 수용

북한에 대한 사회적 관심이 높아지고, 북한을 현실적인 대화 파트너로 인정하면서 방송, 언론에서 북한 문제를 다루는 비중이 높아졌다. 방송에서 북한 비중이 높아지면서 북한 문제를 전문으로 다루는 프로그램도 생겨났다. 지상파 방송에서는 한국방송공사의 〈남북의 창〉, 문화방송의 〈통일전망대〉, 교육방송의 〈코리아 코리아〉 같은 코너가 있었다.

북한 문화가 소개된 것은 2000년 이후 남북관계 활성화에 따라서 방북 취재를 비롯하여 방송교류가 시작되면서부터였다. 남북은 방송프

것이라 할 수 있다. 청중의 기호에 맞추어 편곡하거나 흥미로운 부분으로 재구성하는 등 남한 주민이 좋아하는 형태로 변용하기 때문이다.

로그램교류부터 방송시스템 제작까지 다양한 형태의 교류가 있었다. 남북합동공연, 스포츠 중계부터 한국방송공사의 '전국 노래자랑 평양편', '역사스페셜', 문화방송의'북한전통음식 기행', '!(느낌표)' 등의 프로그램과 북한의 자연을 다룬 자연다큐 등을 통해서 북한을 접할 수 있는 기회가 늘어났다. 북한을 직접 경험하지 못한 한국 국민들에게 있어, 언론은 북한이나 북한 관련 정보는 북한이나 북한이탈주민에 대한 이미지를 형성하는데 결정적인 역할을 했다. 한국 국민의 대부분은 언론이나 미디어를 통해 북한 문제를 접하고 인식하였다. 대부분 간접적으로 정보를 얻는데, 미디어는 가장 일반적으로 북한 정보를 얻는 매체이다. 미디어에서 방영되는 시선은 그대로 북한 정보로 수용되었다.

방송에서 통일문제를 본격적으로 다루기 시작한 것은 통일과정과 통일 이후에 방송이 미치는 영향력이 지대하기 때문이다. 통일과 방송에 대한 대부분의 연구에서 지적하는 것은 방송매체가 사회통합에 미치는 영향이 대단히 크다는 것이다. 방송은 분단을 극복하고 통일하는 과정에서 뿐만 아니라 통일 이후에도 고유의 사회통합기능을 바탕으로 이질적인 문화의 뒤섞임에 따른 사회심리적 괴리상태를 극복하는데 중추적인 역할을 수행한다. 결속과 통합의 기능이 강한 방송매체가 통일과정에서 발생할 사회적 문제 해결에 가장 중요한 역할을 하게 될 것임을 의미한다.[21]

종합편성채널이 등장하면서 시작되면서 북한을 소재로 한 코너가 만들어졌다. 2009년 7월 신문사와 방송사의 겸업을 금지했던 미디어 관련법이 개정되었고, 시행과 준비를 거쳐 2011년 12월 1일 언론사를 중심으로 한 종합편성채널이 등장하였다.[22] 종합편성채널은 한 가지

21) 김명준, 탁재택, 『남북 통합을 위한 방송의 역할 연구』(한국방송학회, 2014), p.40.

형태의 전문 프로그램 방송만 가능했던 케이블 방송과 다르게 다양한 프로그램을 운영할 수 있게 되었고, 공중파와 같이 뉴스, 드라마, 교양, 오락, 스포츠 등 모든 분야의 프로그램을 편성할 수 있었다. 종합편성채널에서 다양한 프로그램을 운영하면서 북한 관련 보도 내용이 크게 늘어났다.

후발주자로서 종합편성 방송사의 입장에서는 북한을 소재로 한 방송은 일정한 시청률을 확보할 수 있는 매력적인 방송거리가 될 수 있었다. 북한이탈주민의 방송 출연이 확장되면서 미디어 수용자의 대부분은 북한이탈주민에 대한 이해와 긍정적인 태도 형성에 도움이 되고 있는 것으로 조사되었다. 한편으로는 미디어 수용자들은 북한이탈주민이 개인이 전하는 한정적인 정보가 북한의 전부인 듯 방송되는 것에 대해서는 불만을 표현하기도 하였다.[23] 북한을 소재로 한 방송의 경우에는 제작비를 아낄 수 있다는 장점이 있고, 새롭게 촬영할 필요 없이 북한에서 방영되는 영상자료를 활용하거나 북한이탈주민이나 북한 전문가를 활용할 수 있으며, 내용인 소재의 제약을 받지 않고 방송할 수 있다. 사회적으로 일정한 시청률이 있고, 저렴한 제작비와 자유로운 소재 선택은 자극적인 소재를 찾아 시청률을 높이는 유혹으로부터 자유로울 수 없는 한계가 있다.

22) 방송관련법 개성을 통해 신문사와 대기업이 채널의 지분을 20%까지 소유할 수 있게 되면서, 신문사와 방송사의 겸업이 가능한 형태가 되었다. 현재 종합편성채널로 운영되는 방송은 조선일보의 'TV조선', 중앙일보의 'JTBC', 동아일보의 '채널A', MBN의 'MBN 매일방송'이 있다.

23) 엄한아, "한국언론의 탈북민 보도 프레임 분석," (이화여자대학교 북한학과 석사학위논문, 2015), pp.19~20.

2) 인터넷, 북한 문화 접촉의 새로운 창구

정보통신이 발전하면서 인터넷은 북한 정보와 북한 문화를 접할 수 있는 중심 창구가 되었다. 인터넷을 통한 북한 문화 접촉의 창구는 공공기관에서 운영한 공식적인 사이트와 유튜브와 같이 국내의 통제를 받지 않는 사이트가 있다. 통계청이 파악한 2014년 3분기 북한 관련 정보사이트는 총 161개로 국내 사이트 121개, 해외 사이트 40개가 있다. 국내 기관이 운영하는 공공사이트의 경우 정부 및 공공기관 28개, 연구기관 26개, 대학 · 대학원(연구소) 21개, 언론기관 12개, 민간단체 30개, 기업체 4개 등이다.[24)]

북한 관련 정보를 접할 수 있는 사이트로는 통일부에서 운영하고 있는 북한정보포털이 있다. 북한정보포털은 정치, 군사, 경제, 사회, 교육 · 문화 분야로 구성되어 있다. 교육 · 문화 부문은 하위 항목으로 '교육', '문학 · 예술 · 언론', '체육 및 여가', '역사 · 언어'로 구분되어 있다. 각 하위 항목에는 다시 하위 갈래를 두어서 관련 항목에 대한 개괄적인 내용을 제공하고 있다. '문학 · 예술 · 언론'의 경우에는 북한의 '문예 정책 및 언론', '문예기관', '문학', '미술', '음악', '영화', '공연예술', '언론 및 출판 항목'으로 세분하고 관련 항목에 대한 개괄적인 정보가 있다.

국내에서 운영하는 사이트의 경우에는 통일부나 공공기관에서 제공하는 사이트를 제외하고는 사이트에 대한 관심이 낮고, 관리의 어려움 등으로 온전한 자료를 갖추고 제대로 운영되고 있지 않는 상황이다.

24) 이는 2분기 대비 기관명, 수록내용, URL 등을 수정한 정보사이트는, 정부 및 공공기관 1개, 연구기관 2개, 대학 · 대학원(연구소) 4개, 언론기간 1개, 민간단체 3개, 해외기관 5개 등 16개이고, 사이트가 신규 추가된 것은 대학 · 대학원(연구소) 2개로 조사되었음. 인터넷 관련 통계는 『북한정보통합DB 구축방안에 관한 연구』(통일준비위원회, 2014) 보고서 참고.

통일관에서 전시중인 북한 주민의 옷가지들

사이트에서 제공하는 정보의 양도 제한적이고 북한 문화에 대한 정보의 객관성이 떨어지고, 자료의 업데이트가 제대로 이루어지고 있지 않다. 북한 문화를 관리하는 대표적인 공공기관인 한국문화관광연구원의 경우에도 특수자료를 소장, 관리하고 있지만 자료의 대부분이 문예진흥원 문화발전연구소 독립 시 진흥원 예술자료관이 잠시 관리하다가 재 이관 받아 소장한 자료가 중심이다.

북한 자료는 초기 북한에 대한 정보 분석, 실상 교육 차원에서 이루어졌다. 북한연구나 통일정책 수립에서 북한 자료의 중요성이 부각되면서 북한 자료 수집과 관리의 체계화가 이루어지고 있다. 하지만 상대적으로 북한 자료를 활용하는 이용자의 숫자는 감소하고 있다. 북한 자료를 주로 이용하는 대상은 대학생 및 대학원생, 학계 연구자들이다. 이 외에도 북한과 사업을 구상하는 기업가, 실향민, 학생 등이 있

기는 하지만 통일교육 차원으로 활용하는 정도이다.[25]

6. 통일교육 프로그램과 북한 문화

통일교육 프로그램도 남한 주민이 북한 문화를 수용하는 기회가 되고 있다. 통일교육은 통일정책 추진에 따른 국민적 공감대를 이끌어내고, 남북한 주민 간의 상호 이해를 촉진하고, 우리 사회 내에 존재하는 통일 및 북한 관련 문제를 둘러싼 갈등을 해소함으로써 통일에 대한 국민적 통합에 기여하는 것을 목적으로 통일교육 프로그램 안에 북한 문화를 중요한 영역으로 포함하고 있다. 전국에 있는 통일관을 비롯한 관련 공간을 통해 이루어지는 것과 통일교육 프로그램을 통해 이루어지는 것으로 구분할 수 있다.

통일교육이 정부의 통일정책이나 정치, 군사 분야를 비롯하여 남북관계, 사회문화를 포괄하던 종합적인 프로그램 중심에서 통일교육 주체별로 다양화되고 있다. 민간에서 통일교육이 활성화되면서, 남북경협, 평화, 통일문화 등을 주제로 특화된 프로그램이 개발되었다.

통일교육의 내용이 다양해지면서 관련 프로그램에서 북한 문화를

25) 통일부 북한 자료센터 이외에 북한 관련 자료가 있는 곳은 국가정보원, 국립중앙도서관, 국회 도서관, 통일교육원 등의 정부 기관이 있다. 2012년 기준으로 전국에서 특수자료취급기관은 22개의 감독부처 산하에 173개 기관이 있다. 각 기관에서 관리하는 북한 정보는 일반적인 자료와 분야별로 특화된 자료로 구분할 수 있다. 특화된 정보를 운영하는 기관으로는 국립국어원이 있다. 국립국어원에서는 '남북한 언어사전 서비스'를 통해 표준국어정보 중 남북한 언어사전, 약 13,000건의 남북한 언어사전 데이터를 제공하고 있다. 국가 기관의 경우에는 자료의 종류에 따라서 공개와 비공개로 운영하기도 하고, 대행하기도 한다. 국립중앙도서관의 경우에는 2009년 4월 통일부 북한자료센터와 '북한 및 통일관련 정보 · 자료 통합서비스'에 관한 업무협약을 맺어 수서는 계속하지만 대국민 이용 서비스는 북한자료센터를 통해 제공하고 있다.

소개하는 것도 많아졌다.[26] '통일문화'를 주제로 진행하는 문화관련 통일교육 프로그램의 대표적인 사례로 통일문화아카데미가 있다. 2013년에 문화체육부에서 용역과제로 통일문화 아카데미프로그램 개발과 시범 사업을 실시하였고, 2014년에는 한국문화관광연구원에서 문화예술인, 문화사업 종사자, 문화예술전공 대학생 등을 대상으로 한 프로그램을 운영하였다. 북한 예술을 중심으로 한 특성화 된 통일교육 프로그램이라고 할 수 있다.

Ⅳ. 나가는 말

광복 70년 동안 우리 사회에서 발견할 수 있는 북한 문화의 문화적 현상과 습득 경로에 대해 알아보았다. 체제 분단의 시간 동안 남북의 문화는 분단의 시각을 통해 영향을 미쳤다. 공식적인 문화교류의 채널이 없는 상태에서 남북문화의 소통은 분단체제의 시각이 고스란히 반영되었다. 대한민국 정체성의 한 축을 이룬 반공의 시각은 북한 문화를 바라보는 시각에도 절대적인 영향을 미치고 있다. 민족공동체 형성이나 민족적 동질성 회복에 대한 갈망에도 '잘못된' 북한 문화를 바로 잡겠다는 열망이 자리하고 있다. 즉 통일에 대한 열망은 북한 문화를 바로 잡아야 한다는 강박에 가까운 욕망이 내재되어 있다. 이는 통일 과정에서 혹은 통일 이후에 통합을 위한 공통의 문화 창출을 매우 어렵게 만들 것으로 예상된다.

26) 통일교육 관련 프로그램에서 북한의 영화나 문학작품을 소개하거나 북한이탈주민을 통해 남북한의 생활문화 차이를 소개하는 시간을 운영하고 있다.

통일관련 프로그램은 북한 문화를 접할 수 있는 기회가 된다

문화는 동질성을 회복하는 경로이기도 하지만 반대로 차이를 드러내면서 경계를 짓기도 한다. 문화의 의미와 가치는 삶의 공동체 속에서 생성되고, 향유(享有) 된다. 이러한 향유는 의미를 생성하기 때문에 공동체의 텍스트 구조에 대한 이해 없이는 정확한 해석이 어렵다. 남북 문화 차이도 방식의 차이보다는 해석의 차이로 보아야 한다. 남북 문화 차이는 '대상을 어떻게 해석하느냐'가 핵심인 것이다.

문화의 차이가 일상에서 어떤 영향을 미칠 것인가에 대한 답변은 분명하다. 일상에서 벌어지는 작은 충돌은 결국 동질성이라는 문화통합의 목표를 어렵게 만들 것이다. 문화는 통합되거나 동질화되는 대상이 아니기 때문이다. 문화는 이해의 영역이다. 타자(他者)에 대한 이해를 동반할 때 올바른 문화공동체가 형성된다. 문화는 친소(親疎)의 문제이다. 가장 익숙하고, 편안한 것이 가장 좋은 문화이다. 일상의 문화는 더욱 그렇다. 가장 익숙하고, 편안한 것을 기준으로 삼아 받아들인다. 남한 주민에게 북한 문화는 접하기 힘들고, 낯선 것이 되었다. 이런 점에서 광복 70년은 곧 '문화분단'의 시간이라고 할 수 있다. 남북은 기층문화를 공유하였지만 상이한 정치체제에 의해 양태 된 생활문화는 상당한 차이를 보였다. 정치체제의 차이는 단순한 정치적인 문제로 끝나지 않는다. 정치문제는 가치관 · 세계관의 차이를 낳고, 생활방식 · 사유방식의 차이로 이어진다.

북한 문화는 반공의 여과망을 거쳐 영화, 드라마, 코미디, 방송, 남북교류 현장을 통해 우리 사회에 스며들었다. 하지만 어떤 경우에도 긍정적인 의미를 갖기는 어려웠다. 더욱이 남북은 문화 소통의 경험없이 분단의 시간을 보냈다. 우리 사회에서 북한 문화는 여전히 금기거나 호기심의 대상일 뿐이다. 북한에 대한 어떤 긍정적인 언술도 쉽게 용납되지 않는 분단체제의 울타리가 마음에도 굳건하게 자리 잡고 있는 것이다.

북한 사회가 비정상적인 사회로 규정하였고, 자연히 북한에서 생성된 모든 것은 비이성적인 것으로 간주되곤 하였다. 남한 주민은 물론 북한이탈주민의 경우에도 자신이 북한에서 습득한 문화적 체험을 남한에서 재현할 수 없다. 북한이탈주민의 남한 문화 적응은 곧 남한 문화로의 온전한 습득을 의미한다. 북한의 문화를 향유하는 것을 의미하지 않는다. "현재 남한 사회 정부의 새터민 지원 정책 방향이나 민간단체의 노력들은 새터민을 남한 사회에 잘 적응하도록 도와주기 위한 것들이지 새터민들이 자신들의 출신국 공동체 문화를 주장하고 형성하는 걸 의도하지는 않고 있다. 여기서 문화 공존, 다름과의 소통, 문화적 통합(intergration) 등의 철학적 전제들은 자칫 현실을 호도하는 레토릭에 머물 확률이 높다"[27]는 주장이 타당성을 얻는 이유이다.

독일 통일 이후의 문제를 연구한 어느 학자는 “통일 이전에는 만나서 서로의 얼굴을 확인하고 격려하는 것만으로도 동질감을 느낄 수 있었겠지만, 이제는 서로의 일상적인 삶을 진지하게 이해하는 작업이 필요하다”[28]고 강조한다. 현실로서 통일 준비의 필요성과 문화 통합의 중요성을 강조한 말이다.

[27] 정진헌, “탈분단 · 다문화 시대, 마이너리티 민족지 : 새터민, ‘우리’를 낯설게 하다,” 오경석 외 지음, 『한국에서의 다문화주의 현실과 쟁점』(한울아카데미, 2012), p.161.
[28] 김누리 편저, 『머릿속의 장벽』(한울아카데미, 2006), pp.348~349.

참 고 문 헌

곽지섭. “국가이념 투영의 공간, 운동회－박정희 정부 시기 운동회를 중심으로.” (서울: 건국대학교 사학과 석사학위논문, 2011).

김경희, 노기영. “한국 신문사의 이념과 북한 보도방식에 대한 연구.” 『한국언론학보』 제55권 제1호, (2011).

김누리 편저. 『머릿속의 장벽』 (서울: 한울아카데미, 2006).

김명준, 탁재택. 『남북 통합을 위한 방송의 역할 연구』 (서울: 한국방송학회, 2014).

김상호. 『북한 저작물 권리보호에 관한 연구』 (서울: 저작권심의조정위원회, 1990).

김진향 외. 『개성공단 사람들』 (장수군: 내일을여는책, 2015).

남근우. “한민족(韓民族)의 준-종족화 (準種族化)와 문화 분절화 : 김일성민족, 중국조선족, 자이니치 사회의 비교연구.” 『국제정치연구』 제15집 제1호, (2012).

박덕규. “1990년대 남북한 정세와 통일지향의 소설작품.” 『동아시아의 남북한 문화예술연구 (단국대학교 한국문화기술연구소 제8회 국제학술심포지엄 자료집)』 (2009).

엄한아. “한국언론의 탈북민 보도 프레임 분석.” (서울: 이화여자대학교 북한학과 석사학위논문, 2015).

이민영. 『남북한 이문화 부부의 통일이야기－북한이탈주민과 남한주민의 결혼생활에 관한 네러티브 연구』 (파주: 한국학술정보, 2007).

이우영, 전영선, 이미경. 『북한 영상물 열람제도 개선 방안 연구』 (서울: 국회통일외교통상위원회, 2007).

이학래. 『한국체육백년사』 (파주: 한국학술정보, 2003).

전영선. “남북 문화교류와 저작권 문제.” 『지적재산권』 26권, (2008).

______. “북한이탈주민과 한국인의 집단적 경계 만들기 또는 은밀한 적대감.” 『통일인문학논총』 제58집, (2014).

______. 『영화로 보는 통일 이야기』 (서울: 통일교육원, 2014).
______. “남북문화공통성 창출을 위한 방안.” 『통일인문학』 제61집, (2015).
조수선. “남북교류상의 출판 · 영상 · 음반물에 관한 저작권 협력방안.” 『신진연구자 북한 및 통일관련 논문집』 (서울: 통일부, 2001).
최효정. “구술생애사로 본 ‘남북부부’의 결혼생활.” (서울: 동국대학교 북한학과 석사학위논문, 2013).
하승희, 이민규. “북한주민 생활 실태에 관한 국내 신문보도 프레임연구 : 조선일보, 동아일보, 한겨레, 경향신문을 중심으로.” 『한국언론정보학보』 통권 58호, (2012).
하지현. “북한이탈주민의 정서적 소통 방법의 이해.” 『통일인문학논총』 제53집, (2012).

분단체제와 통일의식

조 한 범

통일연구원 선임연구위원

분단체제와 통일의식

Ⅰ. 통일환경 변화와 통일의식

분단 70년, 남북한의 발전격차는 극명하며 남북한 간 체제경쟁은 사실상 종식되었다. 이는 통일환경변화의 가장 큰 특징이라고 할 수 있다.[1] 분단체제의 장기화 속에서 남북한은 서로 상이한 경로를 통해 발전을 추구했다. 한국은 자본주의 진영에서 압축적 성장을 통해 빠른 속도로 경제발전을 지속해왔다. 한국은 세계 10위권의 무역 대국이며, 원조를 받는 나라에서 원조를 주는 나라로 전환한 최초의 국가로 자리매김했다. 반면 사회주의 방식의 발전경로를 선택한 북한은 구조적인 체제위기에 직면해 있다. 남북한의 발전은 공히 분단체제에서 진행되

1) 조한범, "분단사회에서 통일사회로," 『대한민국 60년의 사회변동』 (서울: 인간사랑, 2009), p.519.

었다는 점에 특징이 있다.

분단체제에서 진행된 발전의 한계는 북한에서 극명하게 나타난다. 북한은 1990년대를 스스로 '고난의 행군기'로 명명했으며, 대규모의 아사자까지 발생하는 심각한 경제위기를 겪었다. 북한의 위기는 김정은 체제에서도 지속되고 있으며, 체제변화를 위한 근본적인 노력은 가시화되지 않고 있다. 1980년대 말 사회주의진영 전체가 해체되었다는 점에서 북한이 사회주의 체제를 고수하는 한 미래는 어두울 수밖에 없다. 북한에서 관측되고 있는 시장의 활성화는 배급제의 문제를 회피하기 위한 비공식적 시장화라는 점에서 한계가 있다. 비공식적 시장화로 정경유착형 빈익빈 부익부 현상이 심화되고 있으며, 이는 북한 내부에 전반적으로 심리적 좌절과 상대적 박탈감이 확산될 수 있는 지형으로 작용될 개연성이 있다.

북한 사회의 갈등구조는 국가와 시장 간 갈등, 간부와 주민 간 갈등, 엘리트 간 갈등, 그리고 빈부 갈등으로 대별될 수 있다.[2] 북한 인구 1%(24만 명)가 신흥 부유층이며, 가구당 연간 소득이 5만 달러 이상으로 추정된다.[3] 그러나 경제의 총량이 증가하지 않은 상황에서 진행되는 빈익빈 부익부 현상의 심화는 취약계층의 생활을 악화시키고 있다. 2014~2016년간 북한 주민 1천50만 명가량이 영양부족 상태에 직면할 것이라는 전망이다.[4] 북한 인구 중 적정소득을 확보할 수 있는 비율은 10.4%에 불과하며 46.6%는 정상적인 생존이 어려운 상황에 직면해 있는 것으로 알려지고 있다.[5] 문제는 김정은 정권출범 이후에도 북한의

2) 조한범 외, 『북한의 체제위기와 사회갈등』(서울: 통일연구원, 2010), pp.97~108.

3) 국가정보원, 국회정보위원회 현안보고, (2015. 4. 28).

4) FAO WFP, 『2015 세계 식량 불안정 상황』 보고서, (2015. 5. 28).

5) 정은미 외, 『북한주민 통일의식 2014』(서울: 서울대 통일평화연구원, 2015), p.87.

경제위기가 해소될 조짐을 보이고 있지 않다는 점이다. 북한 주민 중 공식소득이 전혀 없다고 응답한 비율이 2011, 2012년 각각 25.7%, 25.2%에서 2013년 51.9%로 급증했으며, 특히 북한 주민 중 공식소득과 비공식 소득 모두 전혀 없다고 응답한 비율이 2011, 2012년 각각 17.1%, 16.5%에서 2013년 24.1%로 증가했다.[6] 공식, 비공식 소득이 없다는 것은 사실상 언제든지 생존의 위기에 직면할 수 있음을 의미한다.

비약적인 경제성장에도 불구하고 한국의 발전은 분단체제라는 비정상적 환경을 토대로 진행되었다는 점에서 일정한 한계를 내포하고 있다. 한국 사회는 양적인 발전과 더불어 질적인 발전을 이루어야 하는 과제에 직면해 있다. 한국의 자살율과 이혼율은 세계적으로도 높은 수준이며, 삶의 질 역시 매우 낮은 수준에 머물러 있다. 빈부 간의 격차도 높은 수준이다. 분단구조와 체제경쟁은 평등과 분배보다는 선택과 집중을 통한 효율성을 중시하는 발전전략을 채택하는 배경이었으며, 그 결과 한국 사회는 삶의 질을 향상시켜야 하는 과제에 직면해 있다. OECD에 발표에 따르면 한국은 OECD 국가 중 장기간 근로에서 33위, 자기건강진단도 35위, 그리고 개인이 위기에 처해있을 때 도움을 받을 수 있는 관계망(공동체) 지수는 꼴찌인 36위로 최하위이다. 자원봉사 같은 사회활동 척도인 커뮤니티 지수 역시 0.0으로 최하위이다.[7] 한국인의 삶의 만족도 지수는 10점 만점에 5.8로 2014년 25위에서 2015년 29위로 하락했다. 한국의 언론자유는 세계 68위로 언론자유국가가 아닌 부분자유국가[8]에 속하며, 사회갈등 지수는 OECD 국가 중 사실상

6) 송영훈 외, 『북한주민 통일의식 2008-2013』 (서울: 서울대 통일평화연구원, 2014), p.77.

7) OECD, *The Better Life Index* (2015).

최고수준이다.[9] 한국의 사회갈등은 대부분 보수와 진보라는 이념적 대립구도를 배경으로 하고 있다는 점에서 분단체제와 직간접적인 관련을 맺고 있다.

분단체제 발전의 한계는 통일의식에 직간접적인 영향을 미치고 있다. 주지하다시피 독일통일의 가장 큰 원동력은 동독 주민들의 통일의지였다. 서독은 패전 이후 자신들에게 타율적으로 강요된 전후처리과정을 내면화함으로써 스스로 성찰의 계기를 만들었다. 서독은 라인강의 기적을 토대로 선진민주주의체제와 투명한 시민사회를 완성했으며, 동독 주민들은 자신들보다 발전된 서독의 정치, 경제, 사회체제를 선택하는데 주저하지 않았다. 그러나 '실패한 국가'인 북한의 주민들의 생각은 이와 상당부분 다르다. 예를 들어 '북한 붕괴시 누구와 손잡겠느냐'에 대한 질문에 북한 주민의 27.1%가 한국, 31.5%가 중국을 선택했다.[10] 남북을 물리적으로 단절하는 DMZ의 영향도 있으나 한국이 북한 주민의 신뢰를 유도하는데 한계가 있었음을 의미한다. 열악한 복지와 삶의 질은 한국 사회의 통일의식을 약화시키는 구조적 제약요인으로 작용할 수 있다. 통일대박론과 통일준비위원회의 출범에도 불구하고 여론형성에 대한 효과는 미미하며, 통일에 대한 긍정적 인식도 크게 제고되지 않고 있다. 특히 통일의 주역이 될 청소년세대의 경우 "통일이 필요하다"고 생각하는 경우는 53%에 불과하다.[11]

8) *Freedom of the Press 2014*. (Freedom House, 2014).

9) 이재광, "갈등의 사회학,"『이슈진단』(수원: 경기연구원, 2014), pp.1~2.

10) 2009년 한국의 민간기업인이 북중 접경지역에서 북한 주민 1000명을 대상으로 한 조사. "동토의 왕국 본 지금 우린 무엇을 해야 하나,"『조선일보』, 2013. 12. 20. 2009년 이후 남북관계의 경색 및 대북지원의 감소 등 상황적 조건을 감안할 경우 이 같은 인식은 현재에도 지속되거나 악화되었을 가능성이 있다.

11)『연합뉴스』, 2015. 5. 26.

체제경쟁이 사실상 무의미해진 상황은 남북한의 주민들의 통일의식에 직간접적 영향을 미치는 구조적 요인으로 작용하고 있다. 중요한 것은 긍정적인 통일미래에 대한 비전을 바탕으로 남북한 주민의 통일 지향성을 강화하는 노력이다. 빠른 속도의 경제발전은 한국의 세계체제로의 편입을 가속화했으며, 세계자본주의체제의 질서와 규범들은 한국 사회의 주요한 행위기준으로 자리잡았다. 반면 한국 사회의 민족주의적 특수성은 약화되는 경향을 보였다.[12] 민족주의 패러다임은 분단체제의 주요한 특성이라고 할 수 있으나, 자본주의체제 합리성 패러다임의 확대에 따라 점차 약화되는 경향을 보이고 있다. 이는 한국 사회의 구성원들이 평양의 소식보다 뉴욕 증시 동향에 더 민감하게 반응할 수 있음을 의미한다. 한국 사회에는 이미 100만 명 이상의 외국인이 상시 거주하고 있으며, 국제결혼이 일상화된 다문화 사회로 진입했다. 과거 피의 순수성에 기반을 둔 단일 민족국가 패러다임은 변화의 요구에 직면해 있다.

자본주의 합리성의 증대는 민족주의 이념보다 실용적 차원이 주요한 행위규범으로 작용하는 것을 의미한다.[13] 한국 자본주의 일반성과 합리성의 증대는 민족 패러다임 및 통일담론의 약화에 영향을 주고 있다. 통일의 당위성에도 불구하고 통일의식의 변화는 긍정적 추이를 보이고 있지 않다. 통일에 대한 지지가 과거에 비해 높다고 볼 수 없으며, 미래 통일한국의 주역이라고 할 수 있는 청소년층의 무관심도 증가하는 경향을 보이고 있다. 강·온 대북·통일정책의 구사에도 불구하고 북한의 긍정적 변화는 나타나지 않았으며, 무력도발의 지속으로

---

12) 조한범, "분단사회에서 통일사회로," 『대한민국 60년의 사회변동』 (서울: 인간사랑, 2009), pp.519~520.

13) 위의 글, p.521.

인한 북한문제의 피로감도 확산되고 있다. 통일미래에 대한 불확실성과 통일비용에 대한 부담도 통일담론의 확산에 부정적 영향을 미치는 요인이다.

한국 사회 내 통일담론 약화의 구조적 배경은 자본주의적 발전과 세계화의 진전이라고 할 수 있다. 자본주의 편입과 세계화의 진전은 한국 사회에 통일·북한문제라는 민족주의 특수성의 담론보다 일반적 보편성이 중요해지는 상황의 도래를 의미한다. 통일담론 약화 경향은 일시적 현상으로 보기 어려우며, 구조적 환경변화에 기인한 것으로 볼 수 있다. 분단체제의 장기화로 인한 내성과 자본주의적 합리성의 증가에 따라 통일의 당위성보다는 현실적 고려를 우선하는 경향을 보이고 있다. 통일미래에 대한 불확실성과 독일 사례에서 목도한 통일에 대한 경제적 부담, 남북 간의 심각한 경제적 격차, 고령화 저성장 시대의 도래와 심각한 청년실업, 그리고 취약한 복지체제 등 한국 사회의 당면한 현실문제들은 통일보다 일상적인 삶의 문제를 보다 중요하게 인식하는 환경으로 작용하고 있다.[14)]

II. 남한 주민의 통일의식

1. 대북 인식

북한에 대한 인식은 전반적으로 악화되는 경향을 보이고 있다. 2005년 조사의 경우 조사대상의 48.4%가 북한에 대해 반감을 느낀다고 응답

14) 위의 글, pp.521~522.

했으나, 2010년 조사대상의 61.4%, 2011년 61.6%, 2012년 45.5%, 2013년 71.1%가 북한에 대해 반감을 느낀다고 응답했다. 특히 '매우 반감을 느낀다'는 응답이 2012년 22.9%였으나 2013년 42.3%로 증가하여 2005년 이후 가장 높은 응답률을 보였다.[15] 이 같은 결과는 남북관계가 장기간 교착됨으로써 남북교류협력이 활성화되었던 시기에 비해 민족동질감이 약화되었다는 점에서 부분적인 원인을 찾을 수 있다. 그러나 보다 중요한 것은 북한의 핵 위협, 천안함 폭침과 연평도 포격 등 지속적인 대남위협, 3대 세습이라는 초유의 독재체제, 잔인한 처형과 숙청 및 인권유린 등 북한문제의 피로감이 확산된 결과로 해석될 수 있다.

대상을 북한정권으로 명확하게 한정할 경우 부정적 인식은 보다 높게 나타나는 경향을 보였다. "통일을 함께 논의할 상대로 북한 정권이 대화와 타협이 가능한 상대라고 생각하는가?"라는 질문에 "가능하지 않다"는 응답이 2014년 조사에서 72.5%를 기록했다. 대북신뢰도는 2009년 40.9%, 2010년 34.9%, 2011년 34.3%, 2012년 39.3%, 2013년 35.8%, 2014년 27.5% 등 약화되어왔다.[16] 북한(정권)에 대한 인식이 전반적으로 악화된 것은 이명박, 박근혜 정부 등 보수정권의 등장 및 남북관계의 경색과도 직간접적인 관련이 있는 것으로 보인다.

특이한 것은 전반적인 대북인식 악화경향과 달리 2012년 북한(정권)에 대한 반감이 2005년 수준과 유사하게 나타난 것과 대북신뢰도 약화경향이 일시적으로 반전되었다는 점이다. 2012년은 김정은 정권이 첫 출범했으며, 미키마우스 캐릭터의 사용 및 부인 리설주의 파격적인 등장 등 김정은의 대외적 이미지가 부분적으로 개선된 시기와 일치한다.

15) KBS, 『2013년 국민통일의식조사』 (서울: KBS, 2013), pp.81~83.

16) 서울대 통일평화연구원, 『2014 통일의식조사 발표: 통일준비와 대북정책, 국민의 평가와 기대』 (서울: 서울대 통일평화연구원, 2014), p.19.

당시까지만 해도 측근에 대한 유혈 숙청 등이 관측되지 않았으며, 특히 서방 유학 경험이 있는 젊은 김정은에 대한 일시적 기대감이 반영된 것으로 판단된다. 그러나 이후 2013년 2월 3차 핵실험 및 4월까지 고강도 무력시위, 개성공단 중단 등 대남강경노선을 견지함으로써 김정은이 북한에 신선한 변화를 초래할 것이라는 기대는 충족되지 않았다. 특히 2013년 말 고모부인 장성택에 대한 잔인한 숙청은 북한 및 김정은 정권에 대한 인식 악화에 중요한 영향을 미친 것으로 볼 수 있다.

2. 대북 식량지원에 대한 인식

북한과 김정은 정권에 대한 인식과 달리 대북 식량지원에 대해서는 응답자의 다수가 "조건부로 계속되어야 한다"는 인식을 나타냈다. 다만 보수정권인 이명박 정권 출범 이후 "대북지원을 무조건 중단해야 한다"는 반응이 김대중·노무현 정권에 최대 2배 이상 증가 했다.

〈대북 식량지원에 대한 인식〉[17] (단위%)

조사시기	조건없이 계속되어야 한다	조건부로 계속되어야 한다	무조건 중단되어야 한다
1999	25.0	63.9	11.1
2005	22.9	66.0	11.2
2010	14.3	64.1	21.6
2011	10.9	64.6	24.5
2012	8.2	64.4	27.3
2013	15.4	68.6	16.0

17) KBS, 『2013년 국민통일의식조사』 (서울: KBS, 2013), p.87.

김대중·노무현 정권 시기의 경우 2차례의 남북정상회담 및 전반적인 남북교류 활성화의 영향으로 대북 식량지원에 대한 적극적 인식이 상대적으로 강하게 나타났다. 대북 식량지원이 "조건 없이 계속되어야 한다"는 응답이 김대중 정권기인 1999년 25.0%, 노무현 정권기이 2005년 22.9%였으나 이후 2012년까지는 지속적으로 하락세를 보였다. 그러나 2013년의 경우 조건없는 대북지원에 대한 응답(8.2% ▸ 15.4%)과 조건부지원에 대한 응답(64.4% ▸ 68.6%) 증가하고 무조건 중단에 대한 응답(27.3% ▸ 16.0%)이 전년도에 비해 크게 감소했다. 이는 북한체제 위기가 지속됨으로써 북한의 인도적 위기에 대한 우려가 커지고, 남북관계 장기교착의 피로감이 반영된 결과로 해석될 수 있다.

특이하게도 2010년의 경우 천안함 폭침 및 연평도 포격사건이라는 고강도 대남무력도발이 자행되었음에도 불구하고 대북 식량지원에 대해 긍정적인 응답이 78.4%로 높은 수준을 유지했다. 이는 북한 및 북한정권에 대한 부정적 인식에도 불구하고 전반적으로 북한에 대한 현실적 인식이 고양된 것으로 판단이 가능하다. 남북관계의 파국적 국면이 조성될 경우 다양한 분야에서 부정적 영향이 초래될 것이라는 우려의 반영인 것으로 해석될 수도 있을 것이다.

3. 통일에 대한 관심

통일에 대한 관심은 큰 폭의 변화를 보이지는 않으나 2010년을 기점으로 전반적으로 약화되는 추이를 나타냈다.

1999년의 경우 통일에 대한 관심이 가장 낮은 66.1%를 나타냈으며,

18) 위의 글, p.96.

〈통일에 대한 관심〉18) (단위%)

조사시기	매우 관심이 있다	대체로 관심이 있는 편이다	별로 관심이 없는 편이다	전혀 관심이 없다
1999	12.9	53.2	30.4	3.3
2005	25.1	48.6	24.1	2.1
2010	27.4	49.1	20.9	2.6
2011	23.4	48.9	25.6	2.1
2012	24.6	49.2	22.8	3.4
2013	23.2	45.3	25.8	5.7

당시는 남북정상회담이 개최되기 이전이며 아직 남북교류가 활성화되지 않았다는 점이 반영된 결과로 볼 수 있다. 2000년 남북정상회담이 성사되었으며, 이후 남북교류가 급격하게 확대됨으로써 2005년 통일에 대한 관심의 응답률은 73.7%로 상승했다. 그러나 통일에 대한 관심의 증가는 2010년 76.8%를 기점으로 이후 하락추이를 나타냈다. 남북관계의 장기교착과 북한의 지속적인 무력도발 등의 요인이 통일에 대한 관심에 부정적 영향을 초래한 것으로 볼 수 있다.

4. 통일에 대한 인식

통일에 대한 적극적 인식은 냉전체제인 1985년을 기점으로 전반적으로 약화되는 경향을 보이고 있다. 냉전체제의 경우 통일에 대한 실현가능성이 사실상 높지 않았다는 점에서 통일과정에 대해 현실적인 인식에 한계가 있었다. 따라서 냉전체제의 통일에 대한 인식은 통일문제에 대한 구체적인 고려를 바탕으로 했다기보다는 감성적 차원에서 형성된 측면이 강했다고 볼 수 있다. "북한체제를 수용하더라도 빨리 통일하는 것이 좋다"는 응답은 1985년 21.3%였으나 사회주의 체제의 붕괴가 시작된 1980년에는 8%대로 급감했다. 사회주의 체제의 붕괴로 통일이 가시화됨으로써 통일문제에 대해 감성적 차원을 넘어 보다 현실적인 고려를 하기 시작했다는 것으로 해석될 수 있다.

〈통일문제에 대한 인식〉[19](%)

인식 \ 시기	1985	1986	1987	1988	1989	1990
북한의 체제를 수용하더라도 빨리 통일하는 것이 낫다	21.3	21.0	13.5	19.2	8.1	8.0
여건이 성숙되기를 기다리며 동질성회복에 노력해야 한다		73.2	66.0	75.5	59.8	63.4
북한 체제를 자유민주주의로 변화시켜 통일하는 것이 좋다	78.7				26.0	22.9
현재의 분단상태도 괜찮다		3.4	3.7	3.6	3.7	3.3
관심이 없다		2.5	16.8	1.6	2.2	2.2
무응답				0.1	0.2	0.2

이 같은 경향은 김대중·노무현 정권에서도 지속되었다. 김대중·노무현 정권은 대북포용정책의 기조를 견지했으며, 2차례의 남북정상회담을 비롯하여 금강산관광사업과 개성공단 등 남북교류의 일상화시대를 개막했다. 그러나 남북관계가 급격하게 개선되었음에도 불구하고 "반드시 통일이 되어야 한다"는 응답률은 감소하는 반면 "통일이 되지 않는 편이 더 낫다"는 응답률은 증가하는 추이를 보였다. 반면 큰 부담만 없다면 통일이 되는 것이 좋다는 응답이 2005년 36.1%에서 2010년 43%로 증가한 이래 지속적으로 40% 중반대를 유지했다. 국민

19) 은기수, "한국인의 통일의식과 태도의 장기적 변화분석: 1985-2010,"『남북통합을 위한 학술적 준비』 제12차 통일학 기초연구 심포지엄, (서울: 서울대 통일평화연구소, 2011), p.7.

다수가 과거 감성적 차원에서 벗어나 통일에 대해 실용적 판단을 내리고 있는 것으로 평가될 수 있다.

〈통일에 대한 인식〉[20] (단위%)

인식 \ 조사시기	1999	2005	2010	2011	2012	2013
반드시 통일이 되어야 한다.	12.9	25.1	27.4	23.4	24.6	23.2
큰 부담만 없다면 통일이 되는 것이 좋다	53.2	48.6	49.1	48.9	49.2	45.3
교류협력을 하면서 공존상태를 유지해야 한다	30.4	24.1	20.9	25.6	22.8	25.8
통일이 되지 않는 편이 더 낫다	3.3	2.1	2.6	2.1	3.4	5.7

2014년 연초 통일대박론이 제기된 이후 통일담론이 확산되었으며, 각종 언론매체들은 통일관련 보도를 집중적으로 다루었다. 이후 후속 조치로 드레스덴 구상이 발표되었으며, 대통령 직속 통일준비위원회도 출범했다. 이에 따라서 통일에 대한 인식이 부분적으로 개선되는 모습을 보였다. 그러나 각종 언론매체의 경쟁적 통일분위기 조성과 통일준비위원회의 활동, 그리고 국민적 공감대 형성을 위한 각종 행사와 학술회의 등을 감안할 경우 통일의식의 확산에 큰 영향을 준 것으로 보기 어렵다. 2014년 조사에서 통일의 필요성에 대한 긍정적 답변은 55.8%로 전년 대비 1% 증가했을 뿐이며, 통일대박론에 대한 공감률도 34.1%였다.[21]

20) KBS, 『2013년 국민통일의식조사』 (서울: KBS, 2013), p.99.

21) 서울대 통일평화연구원, 『2014 통일의식조사 발표: 통일준비와 대북정책, 국민의 평가와 기대』 (서울: 서울대 통일평화연구원, 2014), p.35.

5. 통일의식의 특징

한국 사회의 민주화를 위한 노력이 본격화되기 이전인 1980년대까지 통일의식은 남북한 간의 첨예한 냉전적 대립이라는 구조적 요인에 의해서 영향을 받았다. 대부분의 통일담론은 국가정책적 차원에서 형성되었으며, 시민사회의 자유로운 토론과 논의는 이루어지기 어려웠다. 1980년대 이전까지 북한은 적대적 대상이었으며, 통일교육 역시, 반공 및 멸공교육, 승공교육, 그리고 안보교육 등의 명칭으로 진행되었다.

1980년대 이전 통일의식은 북한체제에 대한 부정을 바탕으로 남한중심의 일방적 통일을 전제했다는 점에 특징이 있다. 국민통일의식은 국가주도형 통일담론 및 남북관계의 대립관계에 의해 영향을 받았으며, 통일은 남북한의 협력과 합의를 통해 달성되는 것이라기보다는 안보적 관점에서 이해되었다. 전 세계적인 냉전체제와 동서양진영의 구조적 대립관계 속에서 통일은 실현가능한 대안이라기보다는 추구해야 할 이상의 수준을 넘기 어려운 상황이었다고 할 수 있다.

1980년대 후반 노태우 정권의 북방정책과 7.7 선언으로 남북관계는 냉전적 대립에서 교류와 협력이라는 공존관계로 변화하기 시작했다. 또한 한국 사회 민주화의 진전 및 북한바로알기 운동의 확산 등으로 북한에 대한 현실적 인식도 점차 확산되었다. 특히 1990년대 말 김대중 정권의 출범 및 대북포용정책의 전개, 그리고 남북정상회담으로 남북한은 본격적인 교류협력의 시대에 진입했다. 금강산관광사업과 개성공단사업 등 남북교류의 일상화시대는 국민통일의식 변화에 영향을 미쳤다. 북한실상에 대한 인식이 제고되었으며, 남북한 간의 사회적 거리감 역시 줄어들었다. 통일의식은 감성적 차원을 넘어 점차 현실적이고 실용적인 차원으로 전환하는 경향을 보였다.

한국인의 통일의식 변화는 몇 가지 차원에서 특징을 지니고 있다.[22) 우선 냉전기인 1980년 중반까지 체제여부와 관계없이 통일을 해야 한다는 비율이 20%를 상회했으나 남북관계 경색이 완화되면서 무조건 통일을 해야 한다는 비율은 크게 감소했다. 사회주의 체제의 붕괴와 북한 위기의 심화로 남북한 간의 체제경쟁이 사실상 의미를 상실하고 발전격차가 확대됨으로써 "현 분단체제를 유지하는 것이 더 낫다"는 인식이 증가했다. 이 같은 추이는 통일의 가능성에 대한 인식의 변화와도 관련이 있다. 사회주의체제의 위기가 심화되기 시작한 1987년을 기점으로 "통일의 가능성이 커졌다"는 인식이 크게 증가 했다. 그러나 사회주의 체제가 붕괴하고 북한의 위기가 심화된 1990년대 중반을 기점으로 다른 양상들이 나타났다. 1998~2008년 시기의 경우 통일의 가능성을 묻는 질문에 대해 부정적 응답이 증가했으며, 남북정상회담 이후에도 같은 추이가 지속되었다.[23)

통일의 가능성이 현실적으로 높지 않았던 냉전기의 경우 "같은 민족이어서 재결합이 필요하다"는 것이 통일의 필요성에 대한 가장 큰 이유였다. 그러나 냉전체제의 해체 이후 이 같은 의식이 점차 약화되는 추이를 보였다. 통일의 필요성에 대해서 "이산가족 상봉" 등의 이유보다 "전쟁발발 방지" 및 "선진국진입을 위해서" 등 실리적 이유가 점차 강하게 부각되는 경향을 보였다.

노태우 정부의 7.7선언과 사회주의체제의 붕괴 이후 남북교류가 확대되고 북한에 대한 현실적 인식이 제고됨에 따라 북한에 대한 적대의

22) 위의 글, pp.26~28.

23) 1980년 후반 서울올림픽 개최 및 북방정책 등의 영향요인이 있었으며, 1990년대 중반 북한의 대규모 아사위기 등 남북한 격차의 확대 및 북한실상에 대한 인식제고 등이 영향 주었을 가능성이 있다.

식은 약화되는 경향을 보였다. 1980년대 후반을 기점으로 북한에 대한 인식은 극적으로 변화했다. 예를 들어 1986년~1994년 기간 중 "축구경기에서 북한을 응원하겠다"는 응답은 21.3%에서 80.9%로 급증했다.[24] 이는 냉전체제의 해체로 과거 금기시되었던 북한문제가 한국 사회의 일상화 영역으로 진입한 결과로 해석될 수 있다.

Ⅲ. 북한 주민의 통일의식

1. 통일의식 영향 요인

1) 북한통일방안의 변화

북한에서는 자유로운 의사표현이 사실상 불가능하다는 점에서 통일의식의 형성은 당국에 지침에 의해 직접적으로 영향을 받는다. 북한체제의 특성상 시민사회의 자유로운 통일담론의 형성은 가능하지 않으며, 통일에 대한 국가의 공식적 입장과 정책이 주민들에게 일방적으로 주입되는 구조를 형성하고 있다. 따라서 북한의 공식적 통일방안은 북한 주민의 통일의식에 직접적인 영향을 미치는 것으로 볼 수 있다. 북한의 통일방안은 분단 초기 '남북총선거 통일방안'에서 '연방제 통일방안'으로 변화를 보였다.[25] 냉전기 북한의 연방제는 공세적 성격을 띠

24) 은기수, "한국인의 통일의식과 태도의 장기적 변화분석: 1985-2010,"『남북통합을 위한 학술적 준비』제12차 통일학 기초연구 심포지엄, (서울: 서울대 통일평화연구소, 2011), p.22. 이 같은 응답비율을 2007년에도 80.7%로 유사하게 나타났으나 2008년 76.5%, 2012년 66.2%, 그리고 2014년에는 61.0%로 감소하였다. 송영훈, "주변국관계인식,"『2014 통일의식조사 발표: 통일준비와 대북정책, 국민의 평가와 기대』(서울: 서울대통일평화연구원, 2014), p.95.

고 있었으나, 1980년대 사회주의체제의 해체 및 북한의 위기 심화에 따라 점차 방어적 의미의 통일방안으로 전환하는 경향을 보였다.

북한은 해방직후부터 1960년대 후반까지 외국군철수 후 남북 총선에 의한 통일을 주장하였으나, 1960년대 초반부터 연방제 통일안을 주장하기 시작했다. 북한의 연방제의 명칭은 시대에 따라 '남북연방제'(1960년대), '고려연방제'(1970년대)를 거쳐 '고려민주연방공화국 창설방안'(1980년대)으로 변화해왔다. 연방제의 구체적 형태도 1970년대까지는 총선을 위한 과도적 조치로, 1980년대에는 통일국가의 최종형태로, 그리고 1990년대 이후 국가연합적 성격을 지닌 공존지향적 수정안으로 변화해왔다. 2000년 6.15 남북정상회담에서 공식적으로 제기된 북한의 '낮은 단계의 연방제'의 실질적 내용은 1980년대 말부터 제시된 것으로 볼 수 있다. 낮은 단계의 연방제안은 1민족, 2정부, 2체제를 기초로 특히 남북한 각각의 지역정부가 경제 · 문화뿐만 아니라 외교 · 군사권까지도 독자적으로 행사하는 것을 내용으로 하고 있다. 북한의 낮은 단계의 연방제안은 1민족, 1국가, 1체제를 내용으로 하는 완전한 의미에서의 통일에 대해 시기와 방법을 명시하지 않은 미래의 과제로 제시하고 있다. 낮은 단계의 연방제안은 과거의 연방제와 달리 남북한의 분단상태의 적극적 해소보다 자신들의 체제유지를 더 중시한다는 점에서 방어적 차원의 성격이 강하다고 볼 수 있다. 북한이 1980년 이후 과거의 공세적 차원과 달리 '공존'의 개념을 통일방안에 반영하고 있는 것은 체제생존을 위한 방어적 적응으로 볼 수 있다.

---

25) 북한의 통일방안은 대략 무력통일시도기(1945~1953), 평화통일공세기(1954~1961), 혁명통일추진기(1961~1979), 연방제 통일선전기(1980~1987), 공존통일모색기(1900~현재)로 구분될 수 있다. 조한범, 허문영 외, 『동북아 평화문화 비교연구』 (서울: 통일연구원, 2004), pp.78~89.

2) 체제내구력 약화

북한의 경제위기 심화와 체제내구력의 약화는 북한의 통일정책과 통일의식에 영향을 미치는 구조적 요인에 해당한다. 김정은 정권 출범 이후에도 북한경제상황의 근본적 개선 추이는 나타나고 있지 않으며, 국제적 대북제재와 남북관계 경색, 그리고 북·중관계 악화로 어려움이 가중되고 있다. 일부 경제지표의 부분적 개선은 배급제의 비공식적 시장화로의 전환 및 인력수출확대 등 일시적 요인일 가능성이 있다. 북한의 비공식적 시장화는 배급제의 한계를 해소하기 위한 임시방편으로 소비재, 서비스, 부동산 등 최종 서비스 부문이 주도하고 있으며, 노동, 금융, 자본재 부문의 변화는 미미하다는 점에서 한계가 있다. 비공식적 시장화의 진전으로 일부 정경유착형 부유층이 형성되고 있는데 반해 대다수 북한 주민의 생활은 악화되고 있으며, 국가 역시 재정확충에 어려움을 겪고 있다.[26]

북한은 핵심 지지계층에 대한 특혜와 차별적 배급을 통해 체제의 결속력을 유지하는 정책을 활용해왔으나, 대북제재의 지속 및 남북관계 경색으로 외부자원의 유입이 극히 제한되고 있다는 점에서 어려운 상황이다. 북한의 지방당 간부와 군부대까지도 배급에 제한이 있는 것으로 알려지고 있다.[27] 경제위기는 북한체제의 내구력 약화와 아울러 김정은 체제의 지지기반의 불안정성을 심화시킨다는 점에서 공세적 통

26) 조한범, "현영철 숙청과 김정은 정권 위기 요인" KINU Online Series CO 15-10 (서울: 통일연구원, 2015), p.3.

27) 2012년 4월의 경우 북한의 도 인민위원회 간부들에 대한 식량공급이 완전 중단되었으며, 도당 및 도 보안부 간부들도 본인을 제외한 가족에 대해서는 배급을 받지 못하고 있는 것으로 알려졌다. 또 보위부를 제외한 모든 지방기관들의 식량공급이 중단된 상태이며, 일반 군부대도 비상식량공급체제인 1일 공급제를 실시하는 것으로 알려졌다. 『자유아시아방송(RFA)』, 2012. 5. 3.

일정책의 구사 및 통일에 관한 북한 주민의 의식 형성에 직간접적인 영향을 미치는 요인으로 볼 수 있다.

폐쇄적인 북한체제에 유입되는 외부세계의 정보, 특히 자발적인 정보의 유입과 확산은 주민들의 의식구조 형성에 중요한 영향을 미치고 있다. 소련 및 동유럽 체제 붕괴에 있어서 외부의 정보의 유입 및 확산은 중요한 동인으로 작용했다. 2000년 남북정상회담 이후 급속하게 확대된 남북교류는 북한 사회에 일정한 영향을 미치고 있다.[28] 북한 주민들의 상당수는 한국드라마와 영화, 동영상을 시청하는 등 북한에도 한류바람이 불고 있으며, 이 같은 현상은 북한 군 내부에까지 확산된 것으로 알려지고 있다.[29] 평양의 복합 문화 · 쇼핑시설인 해당화관을 부인 리설주와 함께 방문한 김정은의 사진에 아모레퍼시픽의 브랜드인 라네즈(LANEIGE)의 매장이 찍힌 사진이 공개된 것은 한류의 영향을 증명하는 단적인 사례라고 할 수 있다.[30] 북한 내 휴대전화는 2014년 말 현재 250만 대 수준이며, 북한이탈주민들이 북한 내 가족, 친지, 지인들과 통화도 가능한 상황이다.[31] 따라서 과거와 달리 체제선전 또는 북한당국에 의해 가공된 정보가 일방적으로 전달되는 구조에 변화가 나타나고 있다. 북한 주민의 상당수는 북한 및 외부세계의 현실을 인지하고 있으며, 이 같은 상황은 북한 주민의 의식형성에도 영향을 미치고 있다.

사회구성원들의 자발적 신뢰는 체제내구력에 있어서 중요한 요인이

28) 조한범, "정상회담 이후 사회문화교류가 북한사회에 미친 영향," 『남북정상회담 2주년 기념 국제학술회의 자료집』 (서울: 통일연구원, 2002).

29) 『연합뉴스 TV』, 2014. 10. 22.

30) 『NK조선』, 2013. 4. 29.

31) 『아시아경제』, 2014. 11.4.

라고 할 수 있다. 북한의 구조적인 장기지속형 위기의 심화는 체제에 대한 주민들의 신뢰감을 약화시키는 요인으로 작용할 수 있다. 소련 및 동유럽 사회주의체제의 해체 및 중동 재스민 혁명의 급속한 전개는 주민들의 체제신뢰감의 약화를 배경으로 하고 있다. 체제에 대한 신뢰가 결여된 상황에서는 작은 계기도 급격한 정치변동의 촉발요인으로 작용할 수 있다. 사회주의 정권이 급격하게 붕괴한 대부분의 국가에서 주민들의 내적 신념체계 속에서 사회주의는 이미 오래전에 그 권위를 상실했다는 점에서 공통점이 있다.[32] 북한에서도 생존을 보장해주지 못하는 체제에 대해 주민들의 신뢰감이 약화되었을 것이며, 이는 북한 주민의 의식에 영향을 미치는 동시에 체제내 보이지 않는 균열을 초래할 가능성이 크다.

2. 북한 주민의 통일의식

1) 통일의 필요성

북한 정권은 대남적화통일을 지속적으로 강조해왔다는 점에서 통일의 필요성에 대한 북한 주민들의 공감도는 매우 높은 편이다. 북한이탈 주민들을 대상으로 아래표의 조사에서 "북한 거주 당시 통일이 필요하다고 생각했는가"에 대해 긍정적 답변이 90% 중반대의 높은 비율을 차지하고 있다는 점에서 남한과 대비된다. 2014년 1~5월 사이 북·중 접경지대를 방문한 북한 주민 100명에 대한 조사에서도 응답자의 95%가 통일을 지지한다고 응답했다.[33] 이는 북한이탈주민 대상이라는

32) 조한범, "2012년 북한 위기 가능성" KINU Online Series CO 12-03 (서울: 통일연구원, 2012), p.1.

33) 『VOA』, 2014. 7. 15.

조사의 한계를 감안하더라도 매우 높은 응답률에 해당한다.

〈통일의 필요성〉[34] (%)

	북한 주민의 의식			남한 주민의 의식		
	2011년	2012년	2013년	2011년	2012년	2013년
필요함	95.2	93.7	93.2	53.7	57.0	54.8
그저 그렇다	3.9	5.5	6.0	25.0	21.6	21.5
필요하지 않음	1.0	0.8	0.8	21.3	21.4	23.7
합계(N)	104명	127명	133명	1,201명	1,200명	1,200명

통일의 필요성보다 규범성이 강한 통일염원에 대한 질문에 대해서는 거의 전 응답자가 긍정적으로 답변했다. 이는 탈북으로 인한 귀소 본능 및 이산이라는 정서적 문제 등 특수요인인 반영된 것으로 해석될 수 있다.

〈통일에 대한 염원〉[35] (%)

	2011년	2012년	2013년
원함	99.0	99.2	97.8
원하지 않음	1.0	0.8	2.3
합계(N)	105명	127명	133명

2) 통일가능성

북한 주민의 압도적 다수는 통일의 필요성과 염원에 대해서 긍정적으로 답변했다. 이와 달리 통일의 가능성에 대해서는 유보적이며 부정

34) 송영훈 외, 『북한주민 통일의식 2008-2013』 (서울: 서울대 통일평화연구원, 2014), p.36.

35) 위의 글, p.37.

적인식이 확산되어 있는 것으로 나타났다. 북한이탈주민 중 통일이 불가능하다는 응답은 2011년 26.9%에서 2012년 43.3%, 2013년 44.4%로 큰 폭으로 증가했다. 동일 기간 중 남한 주민에서도 통일이 불가능하다는 인식은 점진적으로 증가했다.

〈통일 가능 시기〉[36] (%)

	북한 주민의 의식			남한 주민의 의식		
	2011년	2012년	2013년	2011년	2012년	2013년
5년 이내	20.2	11.8	12.0	2.5	2.9	3.7
10년 이내	30.8	29.1	22.6	16.3	14.5	13.3
20년 이내	12.5	8.7	8.3	26.1	25.9	25.3
30년 이내	2.9	1.6	4.5	14.0	17.8	13.7
30년 이상	6.7	5.5	8.3	19.7	19.8	18.3
불가능하다	26.9	43.3	44.4	21.4	19.2	25.8
합계(N)	104명	127명	133명	1,201명	1,200명	1,200명

3) 대남인식

2008~2013년 조사에서 북한 주민의 대남인식은 전반적으로 개선되는 추이를 나타냈다. 남한을 협력대상이라고 응답한 경우가 2008년 35.2%, 2009년 45.3%, 2011년 50.5%, 2013년 63.9%로 증가했다.[37] 그러나 최근 남북관계의 경색 및 대치국면의 영향으로 대남인식이 전반적으로 약화되는 경향을 보이고 있다.[38] 2014년의 조사의 경우 남한을 협력대상이라고 응답한 경우는 55.7%로 전년대비 8.2% 하락했다. 또한 "통일 이후 남한에서 살 것"이라는 응답도 전년의 46.65%에서 40.1%로

36) 위의 글, p.39.

37) 위의 글, p.57.

38) 서울대, 『2014년 북한사회와 주민의 의식 변화』 (서울: 서울대 통일평화연구원, 2014), p.39.

하락했다. "남한이 적대대상이라고 생각했다"는 응답이 전년도 12.8%에서 20.1%로 크게 증가했다. 이 같은 결과는 북한이탈주민을 대상으로 한 것이라는 점에서 북한 현지 거주민 조사와 다를 수 있다는 점을 감안할 필요가 있다. 북한이탈주민의 경우 한국을 선택했다는 점에서 북한 현지 거주민보다 한국에 대한 선호도가 높을 가능성이 크기 때문이다.

북한이탈주민을 대상으로 한 조사에서 전반적으로 남한의 실상 및 통일의 필요성 등에 공감하면서도 남한에 대한 인식 및 친밀도에 있어서는 일정한 한계를 보이고 있다. 특히 북한 주민들이 중국에 대해 경계감을 가지고 있음에도 불구하고 친밀도는 남한에 비해 압도적으로 높은 것으로 나타났다. 2009년 조사에서 "북한 붕괴시 누구와 손을 잡겠느냐"는 질문에 중국선택 40.0%, 자력갱생 31.5%에 이어 남한과 통합은 27.1%로 응답했다는 점은 주목할 만한 대목이다.[39]

〈가장 친밀하게 느끼는 주변국가〉[40] (%)

북한 주민의 의식			남한 주민의 의식			
조사년도	2012	2013	조사년도	2011	2012	2013
미국	1.6	1.5	미국	68.8	65.0	76.2
일본	0.8	0.0	일본	9.1	6.8	5.1
한국	24.0	13.0	북한	16.0	20.6	11.0
중국	70.4	83.2	중국	5.3	5.8	7.3
러시아	3.2	2.3	러시아	0.8	0.9	0.5
합계(N)	125	131	합계(N)	1,197	1,199	1,200

39) 2009년 국내 민간기업인이 북 · 중 접경지역에서 북한 주민 1000명을 상대로 한 설문조사 결과. 『조선일보』, 2013. 12. 20.

40) 송영훈 외, 『북한주민 통일의식 2008-2013』 (서울: 서울대 통일평화연구원, 2014), p.105.

3. 북한 주민 통일의식의 특징

북한 주민들의 통일 및 이와 관련된 인식에 대한 직접적 조사는 사실상 어렵다는 점에서 북한이탈주민 및 북중접경지역 북한 주민 등을 대상으로 한 조사 결과는 일정한 한계가 있다. 이 같은 조사는 몇 가지 특징을 보이고 있다.[41] 가장 특징적인 것은 북한 주민의 경우 남한에 비해서 통일에 대한 필요성과 염원에 대한 긍정적 반응이 90% 이상으로 매우 높다는 점이다. 북한에서 자유로운 의사 표시와 여론형성이 어려운 상황임을 감안할 경우 대남적화통일에 대한 필요성이 국가동원적 이데올로기 교육체제를 통해 장기간 일방적으로 주입된 효과로 해석이 가능하다. 또한 조사대상인 북한이탈주민의 경우 특성상 통일문제에 민감하다는 점도 감안할 필요가 있다. 북한 주민의 경우 남한이 북한에 대해 도발할 수 있다는 안보불안의식을 가지고 있는 동시에 남한을 협력대상으로 인식하는 경향을 보이고 있다는 점도 같은 맥락에서 해석이 가능하다.

김정은 체제 등장 이후 생산규율과 사회통제가 강화되고 있으나 동시에 개인차원에서는 자본주의적 생활방식과 의식이 확산되는 경향을 보이고 있다. 북한 주민들은 외세에 대해 제국주의적 인식을 가지고 있으나 통일을 위해 주변국의 협력이 필요하다는 인식을 보였다. 특히 미국을 한반도 평화에 가장 위협적인 국가로 인식하고 있으며, 그 다음으로 중국의 위협을 우려했다. 특히 전통적 우방이자 북한에 대해 지속적인 지원을 하고 있는 중국에 대해 기대와 우려의 이중적 인식을 가지고 있다는 점에 주목할 필요가 있다.

41) 위의 글, pp.138~144.

북한이탈주민들의 경우 한국에 입국하기 이전에는 높은 기대감을 가지고 있으며, 정착과정에서 기대가 충분히 충족되지 않음에도 불구하고 초기정착에 어느 정도 만족하는 경향을 보였다. 이 같은 점들은 북한이탈주민들의 대남인식 및 통일의식에 영향을 미치는 요인으로 볼 수 있다.

Ⅳ. 남북한 주민 통일의식 제고 방안

1980년대 말 진행된 사회주의권의 붕괴는 20세기를 지배했던 세계적 냉전구조의 해체를 의미하며, 한반도와 동북아 정세 그리고 통일환경에도 근본적인 변화를 초래했다. 공식적으로 사회주의를 표방하고 있는 중국의 경제체제도 사실상 자본주의와 유사하며, 우리식 사회주의 체제를 유지하고 있는 북한은 구조적인 위기에 직면해 있다. 반면 한국 사회는 원조를 받는 나라에서 원조를 주는 나라로 전환한 최초의 사례로서 전후 민주화와 시장화에 성공한 상징적 사례이자 세계 10위권의 경제력을 보유하고 있다. 한국의 발전과 북한의 구조적 위기는 남북한 간 체제경쟁의 종식을 의미하며 이는 남북관계와 통일환경 전반에 영향을 미치는 구조적 변수로 작용하고 있다. 이 같은 추이는 향후에도 지속될 것이며, 통일정책과 통일담론에 영향을 미치는 환경으로 작용하게 될 것이다.

체제경쟁의 사실상 종식으로 통일 기대감이 현실화되는 반면 한국 사회의 자본주의적 발전에 따라 민족주의 패러다임이 약화하는 상반된 경향도 나타나고 있다. 한국 사회의 자본주의적 발전과 세계화는 피할 수 없는 추세라는 점에서 민족주의 패러다임의 약화상황은 일시적이라고 할 수 없다. 통일의식 약화경향은 구조적인 통일환경 변화에 기인하고 있다는 점에서 보다 근본적인 대안의 마련이 필요하다. 변화하는 통일환경에 대해 능동적으로 대응하는 것이 중요하다. 중요한 것은 통일대박론이 담론차원을 넘어 이를 구체화 할 수 있는 다양한 방안의 모색이 필요하다는 점이다.

통일의식 고양 및 통일에 대한 긍정적 인식의 확산을 위한 다각적인 방안의 모색이 필요하다. 분단체제의 비정상성과 분단비용에 대해 보다 적극적으로 인식하는 것이 필요하며, 긍정적 통일비전과 통일미래상의 제시를 통한 통일의식 고양 및 실질적 통일 준비가 뒤따라야 할 것이다. 북한체제 위기구조의 지속 및 외부정보의 유입 등으로 북한 주민의 대남 현실적 인식이 증가하고 있으나 내적인 신뢰감의 형성에는 한계를 나타내고 있다. 남북관계경색과 대북 인도지원 및 남북교류의 중단 등으로 남한에 대한 인식이 악화되는 추이를 보이고 있다. 남북관계 교착국면이 장기화하고 대 북한 주민정책이 결여될 경우 현재와 같은 북한 주민의 대남인식은 지속될 가능성이 크다.

통일대박론 및 통일준비위원회의 출범에도 불구하고 전반적인 통일의식 향상 효과는 미미한 상황이라고 할 수 있다. 따라서 국민이 체감할 수 있는 차원의 종합적 통일의식 제고 대책이 필요하다. 남북관계 개선과정에서 부각된 북한·통일문제와 관련된 국론 분열의 원인은 상당 부분 통일미래에 대한 불확실성과 긍정적 통일비전의 부재에서 비롯되었다고 할 수 있다. 북한의 지속적인 무력도발 등 북한문제 피로감 등이 가중됨으로써 이슈에 따라 남남 갈등과 국론 분열이 반복되는 구조를 형성해 왔다. 따라서 현재 감당하고 있는 천문학적인 분단비용 해소의 필요성을 부각시키고 통일 편익에 대한 적극적 인식을 유도하는 등 긍정적 통일미래상과 통일 비전을 제시해야 할 것이다.

통일문제의 정쟁화구도를 해소하고 여야 및 진보, 보수 진영의 협력을 통해 '지속 가능한 남북관계 패러다임'의 정립에 주력해야 할 것이다. 독일의 정치교육체제와 같은 사용자 중심의 통일교육체계를 형성할 필요가 있다. 미래 통일주역인 청년세대 통일교육을 확대하고 통일정책 취약계층인 여성계에 대해서도 통일의식 제고를 위한 노력을 배가할 필요가 있다. 독일통일과정에서 동독 주민의 서독에 대한 신뢰가 결정적이었다는 점에서 북한 주민의 신뢰를 형성할 수 있는 적극적 대북한 주민정책이 강화되어야 할 것이다. 북한 주민의 고통경감 및 삶의 질 개선 등 북한 주민에 직접적 혜택이 돌아갈 수 있는 정책을 강화해야 할 것이다.

참 고 문 헌

서울대. 『2014년 북한사회와 주민의 의식 변화』 (서울: 서울대 통일평화연구원, 2014).

서울대 통일평화연구원. 『2014 통일의식조사 발표: 통일준비와 대북정책, 국민의 평가와 기대』 (서울: 서울대 통일평화연구원, 2014).

송영훈. "주변국관계인식." 『2014 통일의식조사 발표: 통일준비와 대북정책, 국민의 평가와 기대』 (서울: 서울대통일평화연구원, 2014).

송영훈 외. 『북한주민 통일의식 2008-2013』 (서울: 서울대 통일평화연구원, 2014).

은기수. "한국인의 통일의식과 태도의 장기적 변화분석: 1985-2010." 『남북통합을 위한 학술적 준비』 제12차 통일학 기초연구 심포지엄, (2011).

이재광. "갈등의 사회학." 『이슈진단』 (수원: 경기연구원, 2014).

정은미 외. 『북한주민 통일의식 2014』 (서울: 서울대 통일평화연구원, 2015).

조한범. "정상회담 이후 사회문화교류가 북한사회에 미친 영향." 『남북정상회담 2주년 기념 국제학술회의 자료집』 (서울: 통일연구원, 2002).

______. "분단사회에서 통일사회로." 『대한민국 60년의 사회변동』 (서울: 인간사랑, 2009).

______. "2012년 북한 위기 가능성." KINU Online Series CO 12-03, (2012).

______. "현영철 숙청과 김정은 정권 위기 요인." KINU Online Series CO 15-10 (2015).

조한범, 허문영 외. 『동북아 평화문화 비교연구』 (서울: 통일연구원, 2004).

조한범 외. 『북한의 체제위기와 사회갈등』 (서울: 통일연구원, 2010).

FAO WFP. 『2015 세계 식량 불안정 상황』 보고서, (2015. 5. 28).

Freedom House. *Freedom of the Press 2014*. Freedom House: 2014.

KBS. 『2013년 국민통일의식조사』 (서울: KBS, 2013).

OECD. T*he Better Life Index*. OECD: 2015.